Students and External Readers | Staff & Research

Texte Metzler 17

Klaus Schröter

Heinrich Mann

»Untertan« – »Zeitalter« – Wirkung

Drei Aufsätze

J. B. Metzlersche Verlagsbuchhandlung
Stuttgart

ISBN 3 476 00192 X

ZUM 100. GEBURTSTAG DES SCHRIFTSTELLERS

Inhalt

> Damit ein Roman sehr bezeichnend sei, d. h.,
> damit er eine Menge ihm ähnlicher Wesen
> vertrete, muß eine der Zeit besonders eigene
> Idee bei seiner Gestaltung überwiegen.
> Paul Bourget, *Stendhal (Henri Beyle)*, 1882.

Von all seinen Werken aus der wilhelminischen Epoche
ist es Heinrich Manns *Untertan*, der ihm – wie man mit
Georg Lukács nicht oft genug hervorheben kann – „weltanschaulich in Deutschland eine isolierte Sonderstellung" als
„tief überzeugter Demokrat" und „klarer demokratischer
Kritiker" seiner Zeit zuweist. [1] Gerade diesem Werk sind
bisher Deutungen zuteil geworden, die in ihrer Einseitigkeit
der offenbaren Bedeutung des Romans als eines gesellschaftskritischen Dokuments nichts hinzugefügt und seine Geltung
innerhalb der deutschen Romanliteratur des 20. Jahrhunderts
dadurch eingegrenzt, ja vermindert haben, daß sie ihn als
„Satire" abstempelten. Nun wäre damit noch nichts Abträg-
liches gesagt, denn in den europäischen Traditionen literari-
scher Zeit- und Gesellschaftskritik nehmen seit Juvenal Namen wie Cervantes, Swift, Voltaire, Diderot, Wieland, Heine,
Gogol, Gontscharov, Hašek als Satiriker einen hohen Rang
ein. Erst die bürgerliche Ästhetik hat es vermocht, indem sie
überhaupt dem Element des Komischen einen apologetischen
Charakter zuschrieb und es als gesellschaftskritisches Instrument zu entmachten trachtete, die Gattung der Satire aus dem
Bereich der „reinen Kunst", der „schönen Literatur" zu ent-
fernen. Diese Bemühungen reichen von Jean Paul über He-
gel, Friedrich Theodor Vischer und Bergson bis zu Wolfgang
Kayser. [2] In diese Reihe fügt sich das erste öffentlich ab-
sprechende Urteil, das uns über Heinrich Manns *Untertan*
überliefert ist. Es ist von Thomas Mann in seinen *Betrachtungen eines Unpolitischen* ausgesprochen worden und stellt

es schon durch diesen Kontext in den Zusammenhang imperialistisch-irrationaler Ideologien: Nachdem Thomas Mann, in dem Bemühen, die Produktion Heinrich Manns abzuwehren, die Unterscheidung zwischen der von ihm selbst vertretenen realistischen Kunstrichtung „der Passivität, der demütig aufnehmenden und wiedergebenden Art des Impressionismus" und einem *„sozialkritischen Expressionismus"* als einer Kunstrichtung, die „die Nachbildung der Wirklichkeit aufs tiefste verachtet, jede Verpflichtung an die Wirklichkeit entschlossen kündigt und an ihre Stelle den souveränen, explosiven, rücksichtslos schöpferischen Erlaß des Geistes setzt", getroffen hat, tritt die politische Apologetik in seiner Argumentation deutlich zutage, wenn er – ohne namentlichen Bezug, aber im Hinblick auf den *Untertan* – fortfährt: „Der innere Konflikt der Satire, so scheint mir ist der, daß sie notwendig Groteskkunst, das heißt: Expressionismus ist . . . während doch gleichzeitig keine Kunstart dem Leben und der Wirklichkeit verantwortlicher und inniger verbunden bleiben muß, als die Satire, da sie Leben und Wirklichkeit ja anklagen, richten und züchtigen will. Dieser Konflikt und diese Gefahr – die Gefahr nämlich der Entartung zum Unfug (denn ein Zerrbild ohne Wirklichkeitsgrund, das nichts ist, als eine „Emanation", ist weder Verzerrung noch Bild, sonsondern ein Unfug) – diese Gefahr also tritt merkwürdigerweise weniger hervor und ist auch wohl in geringerem Grade vorhanden, solange es sich um Satire größten Stils, um Welt- und Menschheitssatire handelt. Sie wird aber brennend, wenn die Satire zum Politischen, zur Sozialkritik hinabsteigt, kurz, wenn der expressionistisch-satirische Gesellschaftsroman auf den Plan tritt. Sie wird auf diesem Punkt zu einer politischen, einer internationalen Gefahr." [3] In genau diesem Sinn äußerte sich, nach Erscheinen der Buchausgabe des *Untertan*, 1918, die „rechte" literarische Kritik. Sie brauchte sich dabei also – bekanntes Verfahren – nur einer formalen Kategorie zu bedienen, um sich einen lästigen Gehalt vom Halse zu schaffen. Vgl.: Werner Mahrholz: *„Der Untertan* ist Satire, ist Pamphlet . . ." [4], Oskar Walzel: *Der Untertan* sei „komplette Karikatur" [5], usw. Es war einer der begabtesten deutschen Satiriker dieses Jahrhunderts, der es vermied, den *Untertan* bei seinem Erscheinen mit dem pejorativ gemeinten Etikett zu versehen: Kurt Tucholsky, der im gleichen Jahr, da er Heinrich Manns Werk rezensierte, mit mehreren Beiträgen für die Satire, die „alles dürfe", eintrat, vermeidet in seiner Besprechung des Werks die Bezeichnung „Satire", betont den Realiengehalt des Romans und hat noch Jahre später den kritischen Kampf um den Roman mit den Worten resümiert: „Es spricht für den genialen Weitblick des Künstlers, der den *Untertan* geschrieben hat, daß nichts, aber auch nichts, was in diesem Buche steht, so übertrieben ist, wie seine Feinde es gern wahr haben möchten. Man hat mir von rechts her immer wieder, wenn ich das Buch als den Anatomie-Atlas des Reichs rühmte, entgegengehalten: ,Das gibt es nicht − das kann es nicht geben! Karikatur! Parodie! Satire! Pamphlet!' Und ich sage: bescheidende Fotografie." [6]

Tucholskys Ansatz zur Deutung erscheint uns als der richtigere. Denn nicht nur enthält er sich der apologetisch-polemischen Perspektive; er deutet vielmehr in erhellender Weise auf literartheoretische Grundlagen Heinrich Manns, wenn er unter dem Stichwort „Fotografie" auf den Einfluß des literarischen Naturalismus auf Form und Stoff des *Untertan* aufmerksam macht. Zwar hatten Heinrich wie auch Thomas Mann die theoretischen Prinzipien ihrer Anfänge aus den nachnaturalistischen Strömungen des Psychologismus, der Décadence hergeleitet, aber sie hatten sie in steter Auseinandersetzung mit der naturalistischen Doktrin fortentwickelt und ausgebildet. So wesentliche Merkmale wie die Verwendung von Dialekt und Jargon, wie die Einsetzung des charakterisierenden Dialogs, wie die Exaktheit in den Milieubeschreibungen haben im Sinne des Naturalismus formal, der Grundgedanke von der Determiniertheit des Menschen durch „race, milieu et temps" hat stofflich Werke wie *Im Schlaraffenland, Buddenbrooks, Die Göttinnen, Zwischen den Rassen*

11

und natürlich auch noch den *Untertan* geprägt. (Nur nebenher sei z. B. darauf hingewiesen, daß Heinrich Mann das politische Temperament des Sozialdemokraten Napoleon Fischer, eines der Gegenspieler des *Untertan*, ausdrücklich auf eine südliche Rassenmischung zurückführt. [7]) Daß Heinrich und Thomas Mann ihre literarische Herkunft und fortwirkenden ästhetischen Grundvorstellungen mit anderen bedeutenden Schriftstellern ihrer Generation teilen, daß Döblin, Joyce, ja in gewissem Sinn auch Kafka ihre literartheoretischen Ansichten im Hinblick auf die naturalistische Doktrin entwickelten, ja daß diese Auseinandersetzung in den zwanziger Jahren (Arnold Zweig, Anna Seghers) und abermals nach 1945 – nun oftmals mittelbar – weitergeführt wird (Heinrich Böll, Günter Grass), das wird derjenigen literarhistorischen Einsicht deutlich, die sich den sichthindernden Schulen- und Gruppenprogrammen des 20. Jahrhunderts *nicht* beugt, sondern die Literatur im übergreifenden Zusammenhang der geschichtlichen Entwicklung betrachtet.

Auf dieser Grundlage hat Heinrich Mann als Gesellschaftskritiker seit Ende des 19. Jahrhunderts Formen und Stilmittel zur Darstellung des Typischen in der bürgerlichen Gesellschaft entwickelt, die, der Selbstentfremdung des Menschen in der modernen Klassengesellschaft ja nur entsprechend, der Hervorhebung des Komischen, Satirischen, ja Grotesken dienlich waren. Er teilt diese Entwicklung mit Wedekind und Sternheim, den beiden anderen Gesellschaftskritikern seiner Generation und seiner Zeit. Aber wie im Werk dieser beiden bleiben diese Formen *Mittel*, die gesellschaftliche Realität wiederzuspiegeln. Heinrich Mann ist sich dieser Tatsache selbst sehr früh bewußt gewesen und hat sie seinem Verleger Albert Langen gegenüber mit den Worten ausgesprochen: „Aus der beobachteten Wirklichkeit hervor wächst bei mir doch sehr viel Karikatur und Excentricität." Er hat im gleichen Zusammenhang gerade diese Stilzüge als „das Entwicklungsfähige" bezeichnet (24. 2. 1901) und damit bewußt einerseits das Komisch-Satirische als Instrument einer aggressiven Gesellschaftsanalyse bejaht, anderseits als Stilhaltung dem stofflichen Vorhaben, der darstellerischen Gesamtabsicht, die „beobachtete Wirklichkeit" einzufangen, untergeordnet, nicht anders als Wedekind und Sternheim. Man braucht nur an gewisse, das Großstadtleben betreffende Abschnitte in Rilkes *Malte Laurids Brigge* zu denken, um zu bemerken, daß die „Wirklichkeit" als gesellschaftliche Wirklichkeit selbst den Autor der „Dinggedichte" nötigte, zum Ausdrucksmittel des Satirischen und Grotesken zu greifen. Die formalen „Kategorien" der „Abweichung", der „künstlerischen Provokation" und der „dialektischen Gegenwirkung", die Wolfdietrich Rasch anläßlich ähnlicher Beobachtungen aus Werken seit 1900 herauslösen zu können meint [8], erweisen sich, in weiterem Zusammenhang besehen, nicht als tragfähige stilkritische Kategorien, sondern lediglich als die Beschreibung des Phänomens einer zunehmend kritischen Darstellung gesellschaftlicher Zustände, die das Groteske, ja das Absurde in sich selbst tragen. Über Nähe oder Ferne eines Werks zur Wirklichkeit vermögen formale Feststellungen nichts auszusagen. Man tut daher gut, sich bei Behandlung solcher Fragen Brechts sehr einfache Anweisung zu vergegenwärtigen: „Realistisches Schreiben kann von nicht realistischem nur dadurch unterschieden werden, daß man es mit der Realität selber konfrontiert, die es behandelt. Es gibt da keine speziellen Formalitäten, die zu beachten wären." [9]

Die Stilmischung, die Heinrich Mann seit *Im Schlaraffenland* ausgebildet hatte, diente der Entfaltung seines kritischen Realismus. Daß dieser sich mit der Darstellung sozialer Probleme nicht begnügte, zeigt ein Blick auf die beiden problematischsten Werke vor 1914: *Die Göttinnen* und *Zwischen den Rassen*. Sie reichen beide mit ihren Synthese-Gedanken weit über eine gesellschaftskritisch-satirische Absicht hinaus: Ihre Hauptfiguren werden sorgfältig von jeder komischen Situation ferngehalten, groteske und satirische Mittel werden zur Zeichnung der spießbürgerlichen, bourgeoisen, halbkünstlerischen oder sonst in den Augen Heinrich Manns tadelnswerten Nebenfiguren eingesetzt. Ja in beiden Romanen geht der gemischte Stil Heinrich Manns die extreme Verbindung ein, dem Grotesk-Satirischen durch Handlung und Reden der Hauptfiguren mit sentimental-heroischem Pathos zu entgegnen, um die Ideale, die sie verkörpern, desto reiner hervortreten zu lassen. Dieselbe Konstruktion ist im *Untertan* angewandt worden, nur daß in ihm der Bourgeois zur Hauptfigur, der Repräsentant des Ideals hingegen zur Gegen- (nicht Neben-) Figur geworden ist.

Betrachtet man diese antithetische Struktur genauer, so stellt sich heraus, daß in allen drei Fällen die Satire aufs engste mit der gegenwartsbezogenen gesellschaftskritischen Perspektive verknüpft ist (die in der *Jagd nach Liebe* und in *Zwischen den Rassen* sogar kolportagehafte Züge annimmt). Die Ideale hingegen weisen über diesen Bereich hinaus und nehmen eine – wechselnd – auf die Vergangenheit oder Zukunft bezogene Perspektive an. So ist die „freie und starke Persönlichkeit" der Herzogin von Assy als Wiedergeburt einer Renaissancefürstin zu Ende des 19. Jahrhunderts gemeint. Aber sie verkörpert mehr: Als Tochter eines aus ganz Europa stammenden Geschlechts steht sie stellvertretend für eine Synthese aus Nord und Süd, Aktivität und künstlerischer Sensitivität. Ihre „Freiheit" also erhebt sich über die Determiniertheit durch die Rasse. Sie überwindet, sozusagen, kultur- und geschichtskritische Kategorien, die Hippolyte Taine für eine ganze Epoche aufgestellt hatte. Sie ist das Ideal eines wiedergeborenen, gesundeten Europa. (Sicherlich im Hinblick auf diese Gestaltungsabsicht Heinrich Manns konnte Walter Schröder die Herzogin einen „weiblichen Faust" [10] nennen.) – Das Ideal der nord-südlichen Synthese bestimmt *Zwischen den Rassen* noch einmal. Allein, Heinrich Manns ideologischer Entwicklung entsprechend, wird es hier nicht mehr mit einer so abstrakten Geschichtsvorstellung wie „der Renaissance" verbunden, sondern mit den demokratischen Idealen der Französischen Revolution, in deren Namen sich die Entwicklung des Träumers zur Tat, die Synthese von Kunst und Leben vollzieht. (In der *Kleinen Stadt* wird dann der ganze Handlungsverlauf des Romans in Analogie zur politischen Geschichte seit 1789 geführt.) Das Ideal in *Zwischen den Rassen* wird − durch einen gewissen Salto mortale-Schluß − innerhalb des Romans subjektiv verwirklicht; gesellschaftlich aber ist es auf die Zukunftsperspektive beschränkt: „Heute gilt eine hoffnungslose Auffassung der menschlichen Zukunft", sagt Arnold Acton; aber im Hinblick auf die Französische Revolution kann er hinzufügen: „Seit diesem Ausbruch des Bessern im Menschen ist alles möglich . . .". [11] Dieselbe Perspektive gilt für den *Untertan*, und sie ist hier wie dort den Figuren zugeordnet, die ohne satirische Mittel gezeichnet sind.

In dem Maß wie Heinrich Manns Synthesegedanken einen direkten gesellschaftskritischen Pragmatismus und − obzwar an Geschichtsvorstellungen orientiert − den Bereich des Geschichtlichen verlassen und − dem zyklischen Geschichtsdenken Heinrich Manns entsprechend [12] − auf eine „ewige" Zielsetzung hinweisen, überschreiten seine Romane den Rahmen des Gesellschaftsromans und weiten sich zu dem aus, was Heinrich Mann, ganz im Hinblick auf das eigene Schaffen, den „sozialen Zeitroman" [13] genannt hat. Daß dies für den *Untertan* auch und in besonderem Grad gilt, hoffen wir im Folgenden zeigen zu können.

Die einengende Bezeichnung „Satire" ist von Heinrich Mann auf sein Hauptwerk der Kaiserzeit nie angewandt worden. Er nennt den Roman entweder mit seinem Titel [14], oder er spricht von seinem „Roman des Bürgertums im Zeitalter Wilhelm des Zweiten" [15] und hat in dem einzigen Fall, wo er ihn, ironisch, als den „komischen Roman" der „Deutschen" erwähnt, sogleich hinzugefügt, daß die „komische Figur" des „deutschen Untertan" bereits zu Zeiten Wilhelms II. „zum todernsten Fach überging" [16]. Die späten Rückblicke entsprechen frühesten Äußerungen über den Buchplan: „. . . der Roman des Deutschen müßte geschrieben werden, die Zeit ist überreif für ihn", heißt es unterm 31. Dezember 1907 in einem Brief an René Schickele, zu einer Zeit, da Heinrich Mann eine Vorstudie zum *Untertan*, die Novelle *Gretchen*, bereits abgeschlossen hatte. Diese Novelle erhebt sich in ihrem Gehalt noch keineswegs über ein Genrebild aus dem Leben eines Bourgeois, sie bleibt in der Negation befangen, die Heinrich Mann gegenüber Schickele damals (8. 1. 1907) äußern ließ: „„Dies Volk ist hoffnungslos' (Motto meines *Unterthanen*, aber ungedruckt bleibendes Motto.)" Erst Heinrich Manns Arbeiten der folgenden Jahre, bis hin zu den politischen Manifesten von 1910, *Geist und Tat*, *Voltaire — Goethe*, erhellen ihm neben dem zu Verneinenden das gesellschaftlich zu Bejahende, und nur von diesem Standpunkt aus war die kritische Beobachtung und Durchdringung der „Wirklichkeit" zu leisten, von der Heinrich Mann während der letzten Arbeitsphase am *Untertan* zu Schickele spricht: „Der Roman, an dem ich schreibe, verlangt ... sehr viel. Eine ganz naheliegende Zeit, wenigstens all ihr Politisch-Moralisches, in ein Buch zu bringen, das überschwemmt einen mit Stoff. Die Wirklichkeit ist eine Stütze und eine Last." (18. 7. 1913.)

Dieser sachlichen Einschätzung des Werks entsprach es auch, daß Heinrich Mann es nach Beendigung der *Armen: Roman des Proletariats* und des *Kopfes: Roman der Führer* mit dem Zusatztitel „Roman des Bürgertums" versah und die Romanreihe, ihren zeitkritisch-dokumentarischen Charakter nach Zolas Vorbild betonend, unter den Gesamttitel *Das Kaiserreich. Die Romane der deutschen Gesellschaft im Zeitalter Wilhelms II.* stellte. (In falscher Beflissenheit und ohne sich des Selbstwiderspruchs bewußt zu werden, der darin steckt, daß man eine „Satire" nicht mit zwei ernsthaften, problemreichen Romanen zu einer Einheit zusammenschließen dürfte, hat die spätere Sekundärliteratur diese Romanfolge dann durchweg als „Trilogie" bezeichnet. Man nennt ja aber Zolas zwanzigbändige *Natur- und Sozialgeschichte einer Familie unter dem Zweiten Kaiserreich: Die Rougon-Macquart*, auch nicht eine „Eikosalogie".) Die thematische Weite, eine „Zeit", ein „Zeitalter" darzustellen, wie die vollendete Werk-reihe es tut, muß von Anfang an Heinrich Manns Vorstellung beherrscht haben. Noch im Manuskript des *Untertan* gab er dem Roman den (später fortgelassenen) Untertitel „Geschichte der öffentlichen Seele unter Wilhelm II.".

Was für eine „Seele" war das, die Heinrich Mann zur Anschauung bringen wollte? Und war es *eine* „Seele", oder waren es „zwei", die einander zu einer Einheit ergänzten? Man hat in den wenigen Interpretationen, die zum *Untertan* bisher vorliegen, vornehmlich die Titelfigur, Diederich Heßling, beschrieben und hat die Korrumpierung dieses „weichen" Kindes durch die Erziehungsmittel einer „harten Zeit", durch Elternhaus, Schule, Korporation und Militärdienst zum chauvinistischen Bourgeois „alldeutscher" Prägung, zum Anbeter und Ausüber der bestehenden monarchischen „Macht" nachgezeichnet. Man ist damit über die analytische Einsicht, die Heinrich Mann selbst zu Ende des zweiten Kapitels — als der „Erziehungsroman" innerhalb des Gesellschaftsromans zum Abschluß gebracht ist — mit definitorischer Schärfe gibt, nicht hinausgelangt und hat in jüngeren wissenschaftlichen Arbeiten zum Verständnis des Werks nur dadurch beigetragen, daß man, über die Paraphrase des Textes hinausgehend, auf historische Fakten verwiesen hat, die von Heinrich Mann eingearbeitet wurden [17]. Nur in einem Aufsatz liegt der fruchtbare Versuch vor, die Figur Diederich Heßlings mit moralpsychologischen Mitteln als einen Typ des „bösen Komödianten" darzustellen, der sich durch die Unterwerfung unter ein Rollenspiel der Auseinandersetzung mit dem Humanen entzieht [18]. Hier wird auch der wichtigste Gegenspieler Heßlings, Wolfgang Buck — derselben Generation wie der Untertan angehörig —, zum erstenmal beachtet. Er wird innerhalb des Romans als „der souveräne Zeitkritiker" erkannt, als eben der, der Diederich als Komödianten entlarvt; allein er wird — wie bisher sein Vater, „der alte Buck", der der Generation der „1848er" zugehört — nicht anders gesehen als „in allem Diederichs Antipode" [19]. Die Einfachheit dieser Deutung scheint nicht zu genügen.

Betrachtet man die vier großen Gespräche Diederich Heßlings mit Wolfgang Buck genauer, so zeigt sich, daß sie mit äußerster Sorgfalt von Heinrich Mann dem Handlungsablauf des Romans eingefügt sind, nämlich so, daß sie jeweils entscheidende Phasen des Geschehens reflektieren. Sie sind von Heßlings Begegnungen mit dem alten Buck durchaus getrennt, ja durch die ersten vier Kapitel des Romans kapitelweise alternierend mit diesen angelegt, so, daß der Untertan dem „1848er" Idol in I., III. und V. Kapitel gegenübertritt, mit Wolfgang Buck im II., IV. und zu Ende des V. Kapitels in Unterhaltungen verwickelt wird. Es entspricht der choreographischen Konsequenz, mit der Heinrich Mann diese Begegnungen einsetzt, daß sie im letzten, dem VI. Kapitel, stumm bleiben. Die Fronten zwischen den Parteien haben sich verhärtet: Die Liberalität des alten Buck ist erschöpft, er ist von freundlichem Entgegenkommen gegenüber dem Studenten Heßling (I), über die Duldung des Gegners (III, V) zu dessen öffentlicher Verurteilung (VI) gelangt, im Tod sieht er den hochdekorierten Untertan auf der Höhe seines Triumphs als einen grauenvollen „Fremden", ja er mag in ihm „den Teufel gesehen" haben (VI, Schluß). Auch Wolfgang Bucks Interesse an Heßling ist vergangen, er hat sich endlich „gedrückt", ist „ausgerissen" (V). Nur noch einmal tritt er, ohne Konfrontation mit Heßling, hervor, um sich, zum erstenmal, mit seinem Vater in einem Gespräch über „Kunst" und „Leben", „Geist" und „Macht" zu vereinigen und so unter allgemeinsten Kategorien ein Resümee des Romangehalts aufzustellen (VI). Heßling ist bei diesem Gespräch wortloser Zuhörer, ebenso wie er es bei Wolfgang Bucks Plädoyer für den Angeklagten in dem Majestätsbeleidigungsprozeß sein mußte (IV).

Heinrich Mann hat, noch während der Arbeit am Roman, den Majestätsbeleidigungsprozeß „das Centrum", und in ihm wiederum „das Plaidoyer des Vertheidigers" den „centralen

18

Punkt" genannt, der „den Typus des Unterthans direkt hinstellt" (an Maximilian Brantl, 14. 1. 1913). Tatsächlich schließt der Prozeß, nach dem ersten Teil des Romans (I, II), der die „Bildungsgeschichte" Heßlings enthält, den zweiten Teil (III, IV), Heßlings Aufstieg und Sieg über die Gesinnung der Netziger Bürger, ab. Was aber die Deutung des „Typus des Untertan" angeht, so bedient sich Wolfgang Buck in seinem Plädoyer solcher Begriffe, die er bereits in seinen ersten beiden Unterhaltungen mit Heßling entwickelt hatte (II, V). Es sind die Begriffe des „Rollen"-spiels (73, 189), des „schlechten Komödiantentums" (216). Sie hängen mit allgemeinen kulturkritischen Ansichten Heinrich Manns zusammen, die er sich aus Nietzsches Charakteristik des charakterlosen, Mimikry übenden Schauspielers und Künstlers abgeleitet hatte und die unter dem Kennwort der „Nachahmung" zur Bezeichnung dekadenter Geschichtsepochen von Heinrich Mann bis ins hohe Alter angewandt worden sind. Die große geschichtsphilosophische Deutung des Romans vom *Untertan*, der Essay *Kaiserreich und Republik* von 1918, gibt hierzu den Schlüssel. In ihm werden „Nachahmung", „Wiederholung", „Nachäffung" des „Ludwig Philippschen Königtums der bereicherten Bürger", des „Kaisertums Napoleons des Dritten mit seiner blendenden Fassade, inneren Mürbheit, seiner Theaterregie", des „englischen Imperiums" als die Merkmale der deutschen Reichsgründung von 1871, die den Untergang des Reiches bedingten, genannt. In dem Abschnitt „Der Untertan" wird Wilhelm II. als dessen Modell gesehen: „in ihm war alles gewachsen bis ins Babylonische, das Geschäft, der Anreißer, die Bürgerlichkeit", er repräsentiert den Nachahmungstrieb der Deutschen, er ist „ein Schein", „eine Bühnenlarve" [20]. So sieht ihn auch Wolfgang Buck und reduziert folgerichtig Kaiser und Untertan auf „den Schauspieler", den „die Geschichte als den repräsentativen Typus dieser Zeit nennen" werde (188).

Es ist nun wichtig, in Bucks ersten Unterhaltungen mit Heßling zu bemerken, daß er selbst sich diesem „Typus" zuordnet, ja gleichsetzt, eine Deutung, die im dritten Gespräch der beiden (V) – dem bedeutendsten übrigens, denn es folgt dem „centralen" Plädoyer und reflektiert dieses – gipfelt. Mit der Bemerkung Wolfgangs: „Jedenfalls sind wir jungen Leute jetzt *alle* so wie unser Kaiser" (73), setzt dieser Vergleich mit dem gleichaltrigen Untertan Heßling ein. Und er wird fortgeführt in dem zweiten Gespräch, in dem Buck das „Lebensgefühl" des Scheins im Komödianten erörtert, seine Feindlichkeit der „Tat" gegenüber, seine Lust, „bloß für seine Sensationen zu leben" – „Und nur darauf, mein lieber Heßling, kommt es *uns allen* heute an." (186/7) Hier fällt das Resümee: „Ich habe kein moralisches Urteil ausgesprochen. Ich habe eine Tatsache der inneren Zeitgeschichte erwähnt, die *uns alle* angeht." (187) Im dritten Gespräch dann wird von Buck die Folgerung aus den vorhergehenden Andeutungen gezogen. Er bekennt Heßling, daß er sich eingehender als irgend jemand sonst mit ihm beschäftigt habe, ja daß ihn vor Gericht die „Rolle" des Gegners „mehr interessiert" habe als seine „eigene" (286). Und er verknüpft diese Bekenntnisse sogleich mit der durchgehend von ihm geübten Zeitkritik in der Bemerkung: „Sie und ich, wir beiden Gegenpole, führen doch hier [in Netzig] die vorgeschrittenen Tendenzen der moralfreien Epoche ein." (289f.) Diederich Heßling und Wolfgang Buck also als Ausprägungen derselben Epoche, bestimmt, den „Geist der Zeit" (290) zu leiten. Sie sind beide Repräsentanten der Décadence.

„‚Moralinfrei' ist leider eine Wortbildung Nietzsches", hat Heinrich Mann im Alter gelegentlich bemerkt [21]; es ist eine Wortbildung, die Nietzsche in seinem *Nachlaß der achtziger Jahre*, dem sogenannten *Willen zur Macht*, mehrmals im Zusammenhang mit seiner Kritik an der dekadenten Epoche angewandt hat. Heinrich Mann hat sie von ihm übernommen. Aber während er andere Details aus verschiedenen Schriften Nietzsches – die Polemik gegen Wagner als „Künstler der Décadence" („Der Fall Wagner"), gegen dessen Nationalismus und den allgemeinen Chauvinismus im Bismarckschen Reich (*Ecce homo*) – unversetzt verarbeiten konnte, ist gerade jenes von Nietzsche „leider" geprägte Wort „moralinfrei" ohne die positive Wertsetzung, die es bei Nietzsche trägt, aufgegriffen, seines etwas schalen Wortwitzes – der Analogiebildung nach einem Pharmazeutikum – auch entledigt und als ein bloßstellendes Charakteristikum dem Décadent Wolfgang Buck in den Mund gelegt worden.

Bucks Zugehörigkeit zur Décadence ist evident. Nicht nur durch sein Komödiantentum, das er mit Diederich Heßling teilt. Er wird im Roman vom Beginn seines Auftretens als „weich" und „skeptisch" bezeichnet (72/3), er scheint Diederich bestimmt von einer „alles zerfressenden Überzeugungslosigkeit" (190), und selbst seinen einmaligen Ausbruch der Empörung über den Untertan, über den, „der das Gesamtbild wäre alles Unmenschlichen, alles Untermenschlichen" (289), relativiert er durch den Zusatz: „Es ist nur, damit ihr seht, wir können auch das" (289). „Er ist jung, zieht seine skeptischen Theorien den praktischen Rücksichten vor", so hat Heinrich Mann ihn Maximilian Brantl gegenüber charakterisiert (18. 11. 1912). Vor allem ist er ein Gegner der „Tat" (290, 292). Er gehört mit all diesen Wesenszügen jenen Analytikern und Zweiflern zu, die Heinrich Mann von den Anfängen seines Schaffens an als Opfer jener epochalen „Krankheit des Willens" (*In einer Familie*) gestaltet hat, die Ernest Renan und Paul Bourget mit dem Namen des „Dilettantismus" bezeichnet haben.

Heinrich Mann hat diesen Typ in seinen Werken seit *Im Schlaraffenland* mehrfach zum Kommentator des Romangeschehens bestellt. Der Schriftsteller Köpf in *Im Schlaraffenland* leitet den Helden Andreas Zumsee geradezu auf die Bahn seines vorübergehenden Erfolges, führt ihn in die Gesellschaft ein und erweist sich zum Schluß als derjenige, der, Andreas beobachtend, den ganzen Roman über ihn geschrieben hat. Einschließlich des fragwürdigen Schlusses, in dem eine vorher verurteilte Gesellschaft zum Richter über den Helden berufen wird. Ebenso ist es im *Professor Unrat*, wo

21

der Schüler Lohmann als Repräsentant des „Geistes" dem Gymnasiallehrer, dem Vertreter der bestehenden „Macht", als „Kommentator" gegenübergestellt, ja zuletzt mit dem Abschluß der Romanhandlung betraut wird: Er übergibt den vom Tyrannen zum Anarchisten gewandelten Professor eben den Mächten zur Aburteilung, die durch den Roman bloßgestellt werden sollten. Heinrich Mann ist sich der Problematik dieses Endes offenbar bewußt gewesen, da er sie im Roman selbst andeutet, wenn er über Unrats letztes kriminelles Delikt bemerkt: „Da geriet denn der Kommentator ins Stocken ... Lohmanns Geist ... warf alle Eigenart ab und antwortete auf ‚Verbrechen' ganz bürgerlich mit ‚Polizei'." [22] In gewisser Weise offenbart auch noch *Zwischen den Rassen* diesen Konflikt zwischen der Erzählung und ihrer Erläuterung: Die Duellforderung, die der dilettantische Träumer an seinen Widersacher ergehen läßt, um sich und die ebenfalls durch Beobachtung und Analyse gespaltene weibliche Hauptgestalt von den Zweifeln ihrer Liebe zu reinigen, widerspricht den ideellen Forderungen demokratischer Menschlichkeit, die in diesem Roman zum erstenmal aufgestellt werden, widerspricht dem Glauben, „daß der Geist, der die Folterkammern sprengte, daß der Geist auch die Waffenmagazine sprengen wird". [23] Can we trust WB's judgement.

Die „Souveränität" dieser Analytiker im Werk Heinrich Manns ist also anzuzweifeln. Ja die Brüche und Widersprüche, die wir an ihnen aufzudecken vermögen, spiegeln direkt ideologische Unsicherheiten Heinrich Manns selbst wieder. So, wenn er in der Phase seiner ästhetisch-affektiven, an Nietzsches Kulturkritik geschuldeten Negation der Bürger dennoch deren gesellschaftliche Moral zum Richter über seine Figuren stellt (*Im Schlaraffenland, Professor Unrat*); oder wenn er in der Phase seines beginnenden Demokratismus die gesellschaftliche Wirklichkeit mit einem Ideal konfrontiert, für das er einen überzeugenden Repräsentanten nicht zu gestalten weiß (*Zwischen den Rassen*). Betrachtet man in diesem Licht Wolfgang Bucks Analysen noch einmal, so mag man erkennen, in welchem Maß die Kategorien seiner Zeit-kritik gewissen spekulativen Abstraktionen zugehören und durch den Typ, den er darstellt, festgelegt sind. Sowohl in seinem Plädoyer, „das den Typus des Unterthans direkt hin-stellt", als auch in seinen Gesprächen mit Heßling bedient er sich solcher Begriffe, die das eigentlich Sozialkritische hinter sich lassen, die – mit einer Ausnahme, die wir erwähnen wer-den – auch politische Gegebenheiten nicht berücksichtigen und die im Ganzen nur einen psychologischen „Typus" be-schreiben: Denjenigen, der, „abhängig von Umgebung und Gelegenheit" (216), sich „übt", „eisern zu scheinen" (218), den überzeugungslosen Nachahmer, den „die Kampfstim-mung einer vorgeblichen Persönlichkeit, das Wirkenwollen um jeden Preis" beherrscht (216), der nur seine „Persönlich-keit ausleben möchte" (73), denjenigen also, den ein wert-freies „Lebensgefühl" leitet, der aus Amoralität ins Rollen-spiel des Komödianten getrieben wird. Die Beschreibung gilt Wolfgang Buck ebensowohl. (Den Titel des „Komödianten", den Heßling ihm gelegentlich gibt (289), nimmt er als pas-send an.) Der „Gegenpol" erweist sich nur als eine Spielart des von ihm angeprangerten Typs.

Mit einer Ausnahme: Bucks Skepsis verbietet ihm, die ein-deutige Rolle des Untertanen zu wählen und dessen nationa-listisches Credo zu teilen. Dieser Gegensatz tritt in jenem dritten Gespräch mit Heßling zutage, das das Plädoyer re-flektiert und insofern ergänzt, als hier der einzige konkrete Bezug von der Typologie des Untertanen zur Geschichte her-gestellt wird: Zum Nationalismus der wilhelminischen Epo-che, zu dem Heßling sich bekennt und den Wolfgang Buck mit Entschiedenheit ablehnt (290). Es ist dieser Blick auf die Geschichte, der Wolfgang Buck jene ideale Zukunftsperspek-tive öffnet, die sein Vater, der alte Buck, durchgehend im Ro-man vertritt. Gemälde des 18. Jahrhunderts, Figuren, ge-schmückt mit der „französischen Trikolore", betrachtend, ruft der junge Buck sie als „Freunde der Menschheit und jeder guten Zukunft" (291) an. Und er präzisiert, in dem er

Heinrich Manns zyklisches Geschichtsdenken ausdrückt: „Von allen Seiten ist Europa in diesen nationalen Durchgang getrieben worden . . . Nach ihm werden bessere Gefilde kommen." (291) „Umgebung und Gelegenheit" des Untertan sind also von einer Geschichtsbewegung determiniert, die anderseits den überzeugungslosen Dilettanten hervorbringt.

Mit all diesen Charakteristika ist Nietzsches Kritik der Décadence nicht überschritten worden, sie richtet sich vielmehr nach seinen Angaben: Nicht nur hat er seit *Die fröhliche Wissenschaft* (1882) seine Vorstellung von einem zeitgenössischen Schauspielertyp seiner Kulturkritik zugrundegelegt und in dessen Charakterlosigkeit Merkmale der Décadence anzugreifen gesucht: „Die Falschheit mit gutem Gewissen; die Lust an der Verstellung als Macht herausbrechend, den sogenannten ‚Charakter' beiseite schiebend . . . Ein solcher Instinkt . . . befähigt allmählich, den Mantel nach *jedem* Winde zu hängen . . ." [24], oder später in *Götzen-Dämmerung* (1889): „große Worte und Attitüden stehen décadents so gut . . ." [25]. Er hat ferner den Nationalismus im Bismarckschen Reich den Deutschen zum heftigsten Vorwurf gemacht: „Sie haben . . . alles, was kam, was heute da ist, auf dem Gewissen, diese *kulturwidrigste* Krankheit und Unvernunft, die es gibt, den Nationalismus, diese *névrose nationale*, an der Europa krank ist . . ." in *Ecce homo* (1908) [26]. Er hat auch endlich die Epoche der Décadence „eine notwendige Konsequenz des Lebens" genannt, hat sie als Phase in dem allgemeinen Geschichtsprozeß begriffen und festgestellt: „Die Erscheinung der *décadence* ist so notwendig wie irgendein Anfang und Vorwärts des Lebens: man hat es nicht in der Hand, sie *abzuschaffen*." [27] Diese über frühere Deutungen der Décadence hinausweichende Bemerkung steht in dem posthumen sogenannten *Willen zur Macht* (1901), der von Heinrich Mann herangezogen worden sein muß (er zitiert aus dem Werk in seinem *Nietzsche*-Essay, 1939, und nennt es dort Nietzsches „Hauptwerk" [28]). Im *Untertan* bedient sich Wolfgang Buck in seinem Plädoyer derselben Betrach-

tung, wenn er ausführt, daß unter dem Vorbild eines ko-
mödiantischen Monarchen „es geschehen" könne, „daß über
das Land sich ein neuer Typus verbreitet, der in Härte und
Unterdrückung nicht den traurigen Durchgang zu menschli-
cheren Zuständen sieht, sondern den Sinn des Lebens selbst."
(218)

Noch zwei andere Hinweise enthielt der *Wille zur Macht* zu
einer Deutung der Décadence, die über die durch Nietzsche
in früheren Schriften vorgenommene Einschränkung des Be-
griffs auf moralpsychologische Kategorien („Künstler-Pro-
blem", „Wagner", „christliche Religion") hinausgehen und
wenigstens darauf hindeuten, daß er unter „Décadence"
mehr und mehr einen historischen, einen Epochenbegriff zu
verstehen begann. Die beiden Notizen lauten: „Unsere Psychologen ‚deren Blick unwillkürlich nur an den Symptomen
der décadence hängen bleibt, lenken immer wieder unser
Mißtrauen wider den Geist. Man sieht immer nur die schwä-
chenden, verzärtelnden, verkränkelnden Wirkungen des Geistes: aber es kommen nur neue *Barbaren*: die Zyniker – die
Versucher – die Eroberer . . ." [29]. „*Allgemeine Typen der
décadence*: 1. man wählt, im *Glau*ben, Heilmittel zu wählen, das, was die Erschöpfung beschleunigt; . . . dahin gehört
der ‚Fortschritt'." [30] Hier haben wir einen ersten Beleg
dafür, daß Heinrich Mann in seiner Aufspaltung der Deka-
denzerscheinungen in den „weichen" Dilettanten und den
harten skrupellosen Erfolgsmenschen, den verzärtelten Geistigen und den „neuen Barbar", den „Eroberer", vorgepräg-
ten Vorstellungen gefolgt ist.

Die eigentliche Typologie dieser doppelten Degenereszenz ist
ihm von Paul Bourget vorgebildet worden. Wir haben die bedeutenden Wirkungen Bourgets auf Heinrich (und Thomas)
Mann an anderer Stelle untersucht [31] und können uns hier
darauf beschränken, die auf den *Untertan* bezüglichen Details zu überblicken. Nach seinen beschreibenden, zerglie-
dernden *Essais de psychologie contemporaine* (1883; *Nouve-
aux essais*, 1885) – die in den neunziger Jahren eine europäi-

sche Wirkung ausübten und die man noch heute als tiefsichtige Analysen der französischen Geistesgeschichte im 19. Jahrhundert anzuerkennen hat – trat Bourget seit dem Ende der achtziger Jahre mit moralisierenden Romanen an die Öffentlichkeit. Seine Absichten waren durchaus nationalpädagogischer Natur. Er wollte, als Legitimist und Monarchist, gestützt auf eine fromme Familientheorie, der nationalen Décadence Frankreichs, die er im Aufleben des positivistischen Geistes unter der Dritten Republik sich vollziehen sah, Heilmittel an die Hand geben. Sein Roman *Le Disciple* (1889) leitete diese Bemühungen ein. Heinrich Mann kannte ihn bereits 1892 und hat im Besonderen die „berühmte Vorrede zum Disciple" beachtet, „in welcher er die Zeitverderbniß beklagt" [32]. In dieser Vorrede „A un jeune homme de 1889" [33] hatte Bourget zwei Typen seiner Zeit als Schreckbeispiel der Entartung vorgeführt, „deux types de jeunes gens ..., qui sont devant toi aussi comme deux formes de tentations, également redoutables et funestes." Der eine ist jener Nietzschesche „neue Barbar", der andere der willenlose Intellektuelle. Wir werden im ersten die Züge Diederich Heßlings, im zweiten diejenigen Wolfgang Bucks erkennen.

„L'un est cynique et volontiers jovial. Il a, dès vingts ans, fait le décompte de la vie, et sa religion tient dans un seul mot: jouir, – qui se traduit par cet autre: réussir ... Il a emprunté à la philosophie naturelle de ce temps la grande loi de la concurrence vitale, et il l'appliqué à l'oeuvre de sa fortune avec une ardeur de positivisme qui fait de lui un barbare civilisé, la plus dangereuse des espèces." Dies entspricht den erworbenen Eigenschaften des jungen Dr. Heßling des Jahres 1892: „Diese harte Zeit" hat die „Weichheit" seiner Kindheit, hat jede nachgiebige Regung seines „Gemüts" unterdrückt, „man mußte stark sein" (90). Die positivistische Doktrin, „„Mir schenkt auch keiner was'", hat Diederich zum zynischen Anhänger von der Lehre des „Kampfes ums Dasein" gemacht: „„So muß man sein!' Um so schlimmer für die, die

nicht so waren: sie kamen eben unter die Hufe." (90) – Das
Bekenntnis von Bourgets „Schüler", Robert Greslou: „Jouer
un rôle à coté de ma vraie nature m'apparaissait comme un
enrichissement de ma personne, tant j'avais d'instinct le sen-
timent que se déterminer dans un caractère, une croyance,
une passion, c'est se limiter" [34], scheint zunächst nur den
Typ des Komödianten zu beschreiben. Es gilt jedoch auch
dem Untertanen, der sich durch den „Positivismus" einer
„harten Zeit" sozusagen eine „Charakterolle" aufprägen, sich
zu einem Charakter „begrenzen" läßt. Das wird besonders
deutlich in einer Phase seiner „Bildungs"geschichte, die für
einen Augenblick seine negative Erziehung zu hemmen
droht: Die Begegnung mit Agnes Göppel setzt alle seine
menschlichen Regungen frei, wirkt so sehr der „Begrenzung"
durch die Untertanenrolle entgegen, daß Diederich beginnt,
„sich mit der Natur eins zu fühlen". (25) Der erläuternde
Zusatz des Erzählers an dieser Stelle, „Denn das konnte er
jetzt" (25), hebt nicht allein diesen ersten Krisenpunkt hervor. Heinrich Mann führt an dieser Stelle die sich befeh-
denden Regungen zwischen Freiheit des Gefühls und Unterwerfung, zwischen der „vraie nature" und ihrer „détermina-
tion dans un caractère", so weit, daß er Diederich „viel"
weinen und ihn – der seine Gegenspieler, die Bucks, als
„Schöngeister" (74), als „Literaten" (275) und mithin als
Vertreter des „Geistes", verachtet – „sogar" versuchen läßt,
„zu dichten" (25). Mit welcher Sorgfalt Heinrich Mann dieses Motiv der Krise in dem Erziehungsroman Heßlings (I, II)
verfolgt hat, ist von Carl Friedrich Scheibe dargestellt worden [35]. Je stärker ihn „die Korporation, der Waffendienst
und die Luft des Imperialismus" erziehen „und tauglich machen" (91), desto stärker wird Diederichs „Widerwillen" gegen seine ursprüngliche Natur, gegen die Freiheit „des
schweifenden Wilden" (31). „Er wehrte sich dagegen vermit-
telst schroffen Auftretens, Betonung seiner männlichen Selb-
ständigkeit und durch Kälte, sobald die Stimmung weich
ward." (77) Nur im Zusammensein mit Agnes ist es ihm

noch einige Male erlaubt, die Menschen „zu lieben" (64), seine harten Grundsätze als „falsch" (77) zu empfinden. Ja in der Szene, die fast zu einer Liebeserklärung Diederichs führt, hebt der Erzähler mit besonderer Betonung den Unterschied zwischen determinierender Rolle und „wahrer Natur" hervor: „Der eigentliche Diederich, der, der er hätte sein sollen, sprach wahr." (70) Und noch einmal ist es Agnes, die diesen Unterschied ausspricht: „‚Ich weiß, daß du im Herzen ein guter Mensch bist. Du mußt nur manchmal anders tun.'" (81) Im zweiten und dritten Teil des Romans gibt es nur jeweils eine Passage, in der sich Diederich dieses Unterschiedes erinnert (III: 109, VI: 367 f.). Er steht nun da als das „monstre", als das Bourget ihn beschrieben hatte. „Car c'est être un monstre que d'avoir vingt-cinq ans et, pour âme, une machine à calcul . . ."

Die Charakteristik seines Gegenbildes ist von Bourget mit gleicher Eindringlichkeit gegeben worden. Er setzt ihn als „épicurien intellectuel et raffiné" jenem andern „épicurien brutal et scientifique" entgegen. „Ce nihiliste délicat, comme il est effrayant à rencontrer et comme il abonde! . . . il n'a jamais cru, il ne croira jamais à aucune . . . Le bien et le mal, la beauté et la laideur, le vice et la vertu lui paraissent des objets de simple curiosité . . . pour lui, rien n'est vrai, rien n'est faux, rien n'est moral, rien n'est immoral . . . Sa corruption est autrement profonde que celle de jouisseur barbare; elle est autrement compliquée, et le beau nom d'intellectualisme dont il pare en dissimule la férocité froide, la sécheresse affreuse." Wolfgang Bucks „alles zerfressende Überzeugungslosigkeit", seine „moralfreie" Ansicht vom „Geist der Zeit", werden hier auf den Nihilismus der Epoche zurückgeführt. Nehmen wir hinzu, daß Wolfgang Buck nicht nur als Komödiant von Heinrich Mann dargestellt wird, sondern daß er ihn in seinem Verhältnis zu seinem Halbgeschwister Guste Daimchen als neugierigen Zyriker zeigt, den „Pikanterie" und ein „sensationeller" Skandal, nicht menschliche Teilnahme, bewegen könnten, sie zu ehelichen

(289), der auch am Ende des Romans das bloße „Spiel" als „Endzweck" seiner selbst und seines „ganzen Geschlechtes" betrachtet (417) und den idealen Forderungen des alten Buck nur ein: „Worauf hoffen, Vater?" (418) zu erwidern vermag, dann tritt seine Bedeutung als das andere negative Exempel, neben dem Untertan, deutlich zutage.

Im besonderen weist ihn sein Grundsatz, „für seine Sensationen zu leben" (186), als nihilistischen Décadent aus. Und der Wortgebrauch Heinrich Manns („Sensation" als „Sinneneindruck", „Empfindung" und nicht als „Aufsehen") legt in diesem Fall die französische Quelle deutlich genug nahe. Die Reflexionen Claude Larchers in Bourgets *Physiologie de l'amour moderne* über jene, „qui aiment à sentir sentir", die Beschreibung Dorsennes in *Cosmopolis* als „si curieux de sentir sentir" — berühmte Formeln des Selbstverständnisses der Décadence — kehren auch in *Le Disciple* wieder, wenn dem „épicurien intellectuel" die Begierde nach „sensations nouvelles" zugeschrieben wird. „La vie religieuse de l'humanité ne lui est qu'un prétexte à ces sensations-là, comme la vie intellectuelle, comme la vie sentimentale." Dieses Empfindungsgelüst ist nun in Bourgets *Disciple*, Robert Greslou, gekoppelt mit einer „horreur singulière pour l'action", mit einer „horreur d'agir" [36], die gleichfalls Wolfgang Bucks Denken bestimmt. Er hebt als „Tatsache der inneren Zeitgeschichte", der seine Analysen ja vornehmlich gelten, die Tatenlosigkeit seiner Epoche hervor: „Unsere Zeit, bester Zeitgenosse, ist nicht tatbereit." (187) Und er knüpft hieran die gegen die Décadents gerichtete Reflexion: „Um seine Erlebnisfähigkeit zu üben, muß man vor allem leben, und die Tat ist so lebensgefährlich" (187) — eine Überlegung, die in Heinrich Manns Werk seit den *Göttinnen* im Rahmen seiner Kulturkritik einen bedeutenden Platz einnimmt. [37]

(Wir gestatten uns an dieser Stelle die abschweifende Bemerkung, daß der Bourgetsche Typ des Empfindungsdilettanten seit der Novelle *Der Bajazzo* auch die wichtigsten Figuren in Thomas Manns Werk geprägt hat. Christian Buddenbrook,

Tonio Kröger, Felix Krull gehören zu oder setzen sich auseinander mit den Décadents, „qui aiment à sentir sentir". Noch Hans Castorps unverbindliches Interesse an allen Wissensgebieten, des jungen Joseph religiöses Rollenspiel usw. sind aus dieser psychologischen Konstellation entwickelt. Die Definition des Deutschen, des „deutschen Hänschens" z. B., die Madame Chauchat gegenüber Hans Castorp ausspricht: „Leidenschaft, das ist: um des Lebens willen leben. Aber es ist bekannt, daß ihr um des Erlebnisses willen lebt" [38], greift auf die Bourgetschen Reflexionen über das „dédoublement" der Dilettanten zurück.)

In dem dritten Gespräch mit Heßling, in dem Wolfgang Buck seine psychologischen Deutungen mit historisch-politischen Gesichtspunkten verbindet, konkretisiert er seine Vorstellung von der Tatenlosigkeit der Epoche: „Die nationale Tat hat abgehaust, im Lauf von hundert Jahren." (290) Er zeigt sich damit als Gegner von Heßlings Überzeugung und zugleich als Verwandter des überzeugungslosen Robert Greslou, der das „Vorurteil" des Nationalismus seinen Gefährten überläßt, auf die er herabblickt, „des camarades imbéciles que je voyais s'exalter dans un patriotisme ignorant". [39] An die Stelle der Negation aber wissen beide keine Position zu setzen. Robert Greslou bekennt „un égal dédain pour les hypothèses grossières qui, sous le nom de légitimisme, de républicanisme, de césarisme, prétendent gouverner un pays". [40] Wolfgang Buck teilt diese umfassende Verachtung bestehender politischer Formen. Selbst die Sozialdemokratie sieht er durch Bismarcks „soziale Gesetzgebung" „korrumpiert": „Sie sättigt das Volk gerade so weit, daß es ihm nicht mehr verlohnt, ernstlich zu kämpfen, um Brot, geschweige Freiheit." (418) Es bleibt für ihn bei der nur einmal geäußerten vagen kosmopolitischen Zukunftsperspektive auf eine Wiederkehr der „Weltseelen" einer „allgemeinen Morgenröte" (291).

„La vie pratique?", fragt Robert Greslou, nachdem er sein Verhältnis zum Nationalismus und zur Politik festgelegt hat, und er distanziert sich von ihm mit Entschiedenheit. „C'était

la vie diminuée, pour moi qui ne voyais dans le monde exté-
rieur qu'un champ d'expériences où une âme afffranchie
s'aventure avec prudence, juste assez pour y recueillir des
émotions." [41] Hier haben wir die Grundhaltung Wolfgang
Bucks, wie sie Heinrich Mann während der Niederschrift zu-
sammengefaßt hat, daß er „den praktischen Rücksichten"
seine „sehr skeptischen Theorien" vorziehe und die „Netziger
Gesellschaft" verachte.

Weitere, geringere Einzelheiten, die Heinrich Mann aus
Bourgets *Le Disciple* verwertet hat, seien nur kurz gestreift.
Robert Greslous Weichheit und Verletzlichkeit in der Kindheit, sein Unverhältnis zur Mutter, die er auf Lügen ertappt
hat, seine erste jugendliche Verstellung, den guten Sohn zu
spielen, sind auf Diederich Heßling übertragen worden. Die
vom Vater ererbte körperliche Schlaffheit Greslous kehrt bei
Wolfgang Buck wieder, und ebenfalls ist dieser wie Greslou,
das Kind zweier Rassen, wodurch sein „pouvoir de dédoublement" [42] nach Taineschen Grundsätzen ebenso erklärt sein
soll wie dasjenige Greslous.

Im ganzen aber eröffnet Bourgets *Le Disciple* einen literarhistorischen Durchblick auf ein Vorbild, das hinter dem *Untertan* steht und das uns von besonderer Bedeutsamkeit
scheint: Es ist Stendhals *Le Rouge et le Noir*. Wir wollen
nicht bei Einzelheiten verweilen, die schon in der Fabelfüh-
rung im *Disciple* deutliche Abhängigkeiten von Stendhals
Roman zeigen (Robert Greslous Hauslehrerstelle bei einem
Grafen, die kaltblütige Verführung von dessen Tochter, entsprechen Stationen der Lebensgeschichte Julien Sorels). Bourget hat diese keineswegs verhehlt, er hat vielmehr den Zusammenhang zwischen den Werken durch durchgehende Vergleiche beider Helden hervorgehoben. Uns sollen hier einige
Fragen zum Verhältnis von Individuum und Gesellschaft,
Charakter und Historie beschäftigen, das nach den Absichten
Stendhals, Bourgets und Heinrich Manns den Gehalt ihrer
Werke bestimmt hat.

„‚Zwei Schritt vom Tode entfernt bin ich noch im Selbstge-

spräch ein Heuchler ... O neunzehntes Jahrhundert ...'"
[43]. Aus diesem Satz, der in einem der letzten Monologe des
zum Tode verurteilten Julien Sorel fällt, ließen sich die Gesichtspunkte herauslösen, die unserer Betrachtung dienlich
sein sollen: Stendhals Periodisierung der Geschichte, seine
Einsicht in die unmittelbare Abhängigkeit des Individuums
von seiner Epoche und – daraus folgend – die Überzeugung,
daß der Schriftsteller mit der Darstellung eines individuellen
Schicksals zugleich der Chronist seiner Epoche sein könne.
„Wenn Ihre Personen in Ihrer Erzählung nicht von Politik
sprechen", so lautet eine verfremdend eingeschobene Bemerkung „des Verlegers" in Stendhals Roman, „so sind sie keine
Franzosen von 1830, und Ihr Buch ist kein Spiegel mehr, wie
Sie das beabsichtigen." [44] Der Roman als „Spiegel" nicht
nur der gesellschaftlichen Schichten, sondern eines politisch-
historischen Zeitabschnitts, mit dieser spezifischen Bestimmung deutet Stendhal über jene andere Selbstdefinition des
realistischen Romanciers als „Entdecker, Anatom, Arzt, Ge-
setzgeber der Gesellschaft, dieser ‚zweiten Natur'" – wie sie
Balzac im „Apropos" zur *Comédie humaine* ausgesprochen
hat – hinaus und weist ihm den Rang des Geschichtskritikers
zu. So konnte Stendhal seinen Roman *Rot und Schwarz*, der
vier oder fünf Jahre aus der Lebensgeschichte Julien Sorels
darstellt, eine „Chronique du Dix-Neuvième Siècle" nennen [45]. Uns scheint hier Ursprung und Ausgangspunkt der
epochenkritischen Absichten Heinrich Manns zu liegen, die
ihn den *Untertan* als „Geschichte der öffentlichen Seele unter
Wilhelm II." entwerfen ließen.
Bourget war mehr dem Psychologen Stendhal gefolgt. Die
Psychologie des Rollenspiels, die willentliche Leitung der Ge-
fühle, die stete Selbstanalyse haben den Charakter Robert
Greslous nach dem Vorbild Julien Sorels geprägt: „J'analy-
sais la sensation qui se dissimule derrière les convoitises ou
les révoltes" solcher Helden wie „le Julien Sorel de *Rouge et
Noir* ..." [46]. Zweifellos hat Stendhals besondere analyti-
sche Begabung auch Heinrich Manns Interesse angezogen –

wie dasjenige Nietzsches. Juliens steter Kampf zwischen „Pflicht" und „Schüchternheit", seine „tiefe Verachtung für die Menschen, mit denen er leben mußte", die „kleinen diplomatischen Kniffe", in deren „Folge Juliens Leben verlief", die ihn unablässig beherrschenden „berechnenden Gedanken" [47], auch die Schläge, die der Junge von einem harten, erwerbsgierigen Vater einstecken muß, all diese Details mögen auf Heßlings Jugendgeschichte gewirkt haben. Das Spezifische der Stendhalschen Anregungen blieb dennoch die historisch-politische Perspektive.

Bourget hatte auch diese benutzt, seine Vorrede an den „jeune homme de 1889" zeigt das ebenso deutlich wie gewisse zeitkritische Passagen im *Disciple*. Aber das historisch-politische Bezugssystem war doch der psychologischen Deutung der Epoche unter dem Stichwort der „Décadence" untergeordnet. In seinem berühmten Aufsatz *Stendhal (Henri Beyle)* von 1882, der zu dem Zeitpunkt, da Stendhal sie vorausgesagt hatte, seiner europäischen Anerkennung vorarbeitete, hat Bourget ihn in diesem Sinne als „Analytiker" und modernen „Kosmopoliten" dargestellt. Er glaubte in ihm „verschiedene Züge der modernsten Empfindungsart wieder erkennen" zu können, und da Bourgets Nationalismus ihn anhielt, im „Kosmopolitismus" eine Form der Décadence zu sehen, gelangte er zu dem Befund: „Stendhal war ein Apostel dieser Form und einer der Arbeiter an der Dekadenz. Deshalb lieben wir seine Schriften." [48] Doch diese Gesichtspunkte haben Bourget nicht gehindert, auch den großen Gesellschaftskritiker in Stendhal zu erkennen. Er vergleicht geradezu den einen Roman *Rot und Schwarz* mit den vierzig Bänden von Balzacs *Menschlicher Komödie* und nennt ihn den „vollständigsten Ausdruck" „einiger tiefer Wahrheiten über das Frankreich des neunzehnten Jahrhunderts" [49]. Für Heinrich Manns Verständnis war damit der Boden bereitet. Aber er hat seine Deutung Stendhals dann durchaus selbständig weiter entwickelt.

Er hat die antithetische Phasengliederung der Geschichte, die

Stendhals Denken beherrscht, in demselben Sinn dem *Untertan* zugrundegelegt, wie sie in *Rot und Schwarz* zum Fundament der Figurenzeichnung gemacht worden ist. In beiden Romanen bezeichnen Epochenjahre der Geschichte die Scheidegrenze zwischen Position und Negation der Autoren: 1815, 1871; französische Restauration, Deutsches Kaiserreich. Die in *Rot und Schwarz* oft wiederkehrenden Wendungen „seit dem Sturz Napoleons", „seit 1815" haben im *Untertan* von Anfang an ihre Entsprechung. Besonders im ersten Kapitel, in dem Heinrich Mann die Parteien des Romans aufbaut, sind die Bezüge auf das Jahr 1871 geradezu gehäuft, und sie dienen jedesmal der Sonderung des „guten Bürgers" (40) aus der Zeit vor dem „letzten Krieg" (6), vor dem „ruhmreichen Krieg" (50), vor „Sedan" (55) von dem im Kaiserreich herrschenden Typ des Untertan. Die Pervertierung ungewöhnlicher Begabung bei Julien Sorel in schleichenden Ehrgeiz, kalte Berechnung und „Heuchelei" sind die Folgen seiner Unterdrückung durch Jesuitismus und Adelsherrschaft, durch das verstärkte Bündnis von Königtum und Kirche, das die französische Restauration insbesondere seit der Thronbesteigung Karls X. kennzeichnete. Die Korrumpierung des weichen, gefühlvollen Diederich Heßling von dem, „der er hätte sein sollen", zum „neuen Typus" der „Härte und Unterdrückung" ist gleichfalls ein Ergebnis der Geschichte, seiner Erziehung durch die Institutionen des Imperialismus. Sie sind beide „Opfer" (215) ihrer Epoche.

Über diese allgemeine Analogie zwischen beiden Werken weist ein spezifisches Mittel hinaus, das sowohl Stendhal als auch Heinrich Mann angewandt haben, um die historisch-repräsentative Bedeutung ihrer Helden anschaulich zu machen. Julien spiegelt sich in Napoleon I., Diederich in Wilhelm II. Daß diese Gleichung zwischen geringem Bürger und der Spitze des Staates, dem signifikanten historischen Namen, im ersten Fall ernst, im zweiten ironisch gemeint ist, liegt an der Stellung der historischen Figur zum gesellschaftlich-politischen Ideal des Autors. Napoleon I. verkörperte es für Stendhal ganz, Wilhelm II. gehörte für Heinrich Mann zu den „Affen Napoleons" [50] – ein Bezug, der im ersten Kapitel des *Untertan* sogleich hergestellt wird, wenn Wilhelm II. beim Ausritt in den Februarkrawallen 1892 mit „Napoleon in Moskau" verglichen und seine Nachahmung des Franzosen als „Theater, und nicht mal gut" (54) verurteilt wird. Stendhal „hielt sich für seinen [Napoleons I.] Untertan auf Grund moralischer Hoheiten, niemals durch Erfolg und Macht" [51]. Heinrich Mann hat in seinem Essay *Stendhal* (1930) den Roman *Rot und Schwarz* die „furchtbarste Anklage, die gegen ein Zeitalter jemals erhoben werden durfte", genannt. Er hat den „Mißbrauch und die sture Verachtung der menschlichen Kraft durch herrschende Mächte", wie sie Stendhals Roman zeige, eigenen Erfahrungen verglichen und gefunden, es sei „dasselbe" [52]. Er hat in diesem Essay sehr deutlich Stendhals Epochenverständnis übernommen und dargelegt, wie dieses zum Fundament einer Zeit- und Gesellschaftskritik werde. „Der Epoche 1815 bis 1830 fehlte durchaus, was die vorige zuviel gehabt hatte, Energie" [53]. Heinrich Mann sah mit der französischen Restauration jenen Niedergang der geschichtlichen Bewegung einsetzen, der das gesamte „bürgerliche Zeitalter" umfaßte. Er sah diesen Niedergang sich vollziehen in der Entfernung des Denkens von der „schöpferischen Ideologie" des „achtzehnten Jahrhunderts", mit dem Abrücken von den Idealen der Französischen Revolution, deren Vollstrecker ihm, mit Stendhal, Napoleon bedeutet. „Dies Zeitalter war sogleich ganz da und führte im Abriß unverzüglich alles vor, was es dann in hundertfünfzig Jahren weitschweifig wiederholt hat." [54] Hier erscheinen Heinrich Manns Gedanken über die unschöpferische, tatenlose Wiederholung und Nachahmung im Deutschen Kaiserreich mit seinen „repräsentativen" Komödianten eingebettet in seine Geschichtsbetrachtung. Das Ideal einer Synthese von „Geist" und „Tat" war Stendhals Erlebnis gewesen: „Napoleon war es, der ihn gelehrt hatte, das Handeln mit dem Denken und Fühlen als dieselbe Größe anzusehen." [55] Alle folgenden Epochen sind diesem Ideal ferngerückt. Julien Sorel spiegelt sich noch in ihm, Diederich Heßling nur in seinem „Affen". Im *Untertan* ist das Ideal in Gestalt des alten Buck ganz an die Peripherie gedrängt, es hat keine handlungsbestimmende Kraft, es verweist nur als Hoffnung in eine „Zukunft", in der „der Geist der Menschheit" (418) erneut eine geschichtliche Aufwärtsbewegung leiten werde.

Der *Stendhal*-Essay Heinrich Manns ist bisher in seiner autobiographischen Qualität nicht erkannt worden. Heinrich Mann hat hier den Begriff des „Zeitromans" – den er seit den zwanziger Jahren auch im Hinblick auf das eigene Werk verwendet; das Wort scheint Fontanes Sprachgebrauch zu entstammen – auf *Rot und Schwarz* angewandt. Er hat das berühmte Motto aufgegriffen, das Stendhal im ersten Band von *Rot und Schwarz* dem dreizehnten Kapitel vorangestellt hat und das den Schriften des Abbé de Saint-Réal entnommen ist: „Ein Roman: ein Spiegel, den man einen Weg entlangführt." Heinrich Mann erläutert: „Die unausweichlichen Wirklichkeiten, das Öffentlichste vom Sichtbaren, gerade das erfaßte sein Spiegel." [56] Diese Bestimmung gilt auch dem *Untertan*, ja ihm insbesondere, da Heßlings Reden (z. T. nach sorgfältig exzerpierten Bismarck- und Kaiser-Worten gearbeitet) und seine Taten diejenigen der sichtbarsten, öffentlichsten Person in verfremdendem Kontext direkt wiederholen. Die „Einfachheit", die Heinrich Mann von „Zeitromanen, den Denkwürdigkeiten einer Epoche" [57], fordert, war eben mit jenem Mittel, das historisch Repräsentative abzubilden, erreicht – wie bei Stendhal. Zum Schluß der hier herangezogenen Passage deckt Heinrich Mann denn auch den indirekt eingeleiteten Vergleich seiner selbst mit Stendhal auf: „Zufällig verstehen wir, hundert Jahre darauf, unseresgleichen und uns selbst wie er." [58]

„Sozialer Zeitroman", „Denkwürdigkeiten einer Epoche" – ist der *Untertan* eine Satire? Wir haben in unseren Interpretationen eine Schicht aufgedeckt, in der er sich jedenfalls jedes satirischen Elements begibt. Es war die Schicht der Abstraktionen und Typisierungen, die der immanenten Deutung, der Selbsterläuterung des Romans zugehört. Sie wird ergänzt durch die Ebene der Handlungen, die, einerseits gesättigt mit Realien, „überschwemmt mit Stoff" aus der „Wirklichkeit", dem Satirischen anderseits geöffnet ist. Die eigentliche Gesellschaftskritik wird auf dieser Ebene geleistet. Auf der anderen hingegen öffnet sich das Werk geschichtlich-epochalen Aspekten, die dem weiteren Rahmen einer allgemeinen Kulturkritik eingeordnet sind.

Kurt Wolff, der erfolgreiche Verleger des *Untertan*, gehörte als erster zu den „hingerissenen" Lesern, die die Ausnahmestellung des Werks innerhalb der deutschen literarischen Traditionen sogleich erkannten. Er schrieb seinem Verlagsdirektor Heinrich Georg Meyer unterm 8. April 1916: „Hier ist der Anfang einer Fixierung deutscher Zustände, die uns – zumindest seit Fontane – völlig fehlt. Hier ist plötzlich ein Werk, groß und einzig, das, ausgebaut, für die deutsche Geschichte und Literatur sein könnte, was Balzac's Werk für das erste, Zola's [59] für das zweite Kaiserreich waren. Und für unsere Gegenwart ist es viel mehr: dies zwei Jahre vor dem Krieg geschriebene Buch ist – in anderem Sinne – für uns a priori was den Franzosen a posteriori *Débacle* wurde. Das Deutschland der ersten Regierungsjahre Wilhelm II., gesehen als ein Zustand, der den Krieg von 1914 heraufbeschwören mußte." [60]

Die großen Vergleiche aus der französischen Literatur waren und sind legitim. Aber auch der mit Fontane war es, wie wir in einigen letzten Anmerkungen erläutern mögen. Nicht nur hat Heinrich Mann in seinen *Untertan* jene berüchtigte „Affaire Kotze", die seit 1893 am Berliner Hof spielte und die in Fontanes *Stechlin* im vierundzwanzigsten Kapitel gesprächsweise erörtert wird, eingearbeitet (mit jenen anonymen pornographischen Briefen, die im sechsten Kapitel den Frieden der Heßlingschen Familie bedrohen). Er hat auch, im zweiten Kapitel, den Landausflug Diederichs mit Agnes in genauer Analogie zu der „Landpartie" Botho von Rienäckers und Lene

Nimptschs in *Irrungen Wirrungen* gestaltet. Hier wie dort ein Moment persönlicher Selbstverwirklichung, einer Ahnung von Freiheit von bourgeoisen Gesellschaftsnormen, ein Idyll, eingeschoben vor dem endgültigen Erliegen der Helden in der Klassengesellschaft. In beiden Romanen übrigens ist dieses Idyll als Gegenbild zu der pflichtgemäßen Hochzeitsreise der Männer eingesetzt, die zu ersten Ernüchterungen führt.

Über solche Details hinaus war es der politisch-historische Blick Heinrich Manns, der ihn Fontane verband – und der beider Wirkungsgeschichten verdunkelt hat [61]. Sie haben innerhalb der deutschen Traditionen dem deutschen „Bildungsroman" widersprochen, haben beide das Individuum durch seine Gesellschaft, die Gesellschaft durch ihre Zeit und diese durch die Geschichte erklärt. Fontane und Stendhal sind die beiden Namen, die in den Briefen des alten Heinrich Mann am häufigsten wiederkehren. Fontane habe „als erster" in Deutschland „wahrgemacht, daß ein Roman das gültige, bleibende Dokument einer Gesellschaft, eines Zeitalters sein kann." [62] Und Stendhal? „Ein Leser des *Untertan* schrieb dem Aufbau-Verlag, das sei kein Roman, sondern ein Leitartikel ... Was ich büße, ist mein Sinn für das öffentliche Leben, die Voraussetzung jedes einzelnen. Damit befremdete man, als ich anfing, in Deutschland; trotz Fontane, der da war. Ihn kannte ich, zugleich mit den Franzosen ..." Von allen ist es Stendhal, den Heinrich Mann hier nennt. Er vergleicht sich ihm noch einmal, der „dreißig Jahre später entdeckt" wurde, und findet sich selbst „falsch entdeckt". „Als Verfasser eines romanhaften Leitartikels möchte ich nicht fortleben." [63]

Mit dem *Untertan* hat Heinrich Mann für die deutsche Literatur im 20. Jahrhundert das Beispiel eines politischen Epochenromans geschaffen.

> Als er, siebzigjährig, die Pyrenäen erkletterte,
> um den deutschen und französischen Faschi-
> sten zu entkommen, wandte *er* nicht dem
> deutschen Volk den Rücken, sondern den Be-
> drückern des deutschen Volkes. Er fand nir-
> gends eine zweite Heimat. Heimat, definiert
> als das Land, wo am besten für die Mensch-
> heit gekämpft werden kann.
>
> Bertolt Brecht, *Heinrich Mann*, 1946.

Als Heinrich Mann zu Anfang des Jahres 1943 *Ein Zeitalter
wird besichtigt* zu schreiben begann, stand er im 72. Lebens-
jahr. Er, der bis dahin mit persönlichen Bekenntnissen mehr
als andere zurückgehalten hatte, unternahm nun, seine Gedanken und Erinnerungen aufzuzeichnen und an Biographi-
schem mitzuteilen, „soviel ich selbst beigetragen hätte" zu einer Lebensbeschreibung (an Karl Lemke, 7. 11. 1946).
Heinrich Manns späte Hinwendung zu autobiographischer
Betrachtung ist keineswegs so erstaunlich, wie sie zunächst
anmuten mag. Unter den Anlässen, die ihn genötigt haben,
über sich, seine öffentliche Rolle, seinen Erfolg und die Fol-
genlosigkeit seiner Bemühungen nachzudenken, steht sein 70.
Geburtstag obenan: Er wurde in Hollywood begangen; zuge-
gen waren Alfred Döblin, Thomas Mann, Feuchtwanger,
Berthold und Salka Viertel, Werfel, Franz Mehring, Max
Reinhardt, Ludwig Marcuse, im ganzen wohl zwanzig Personen. Träger einer deutschen Kultur, in corpore emigriert.
Was war den Freunden zu sagen, was auf Ehrungen zu entgegnen, die der Beglaubigung durch eine nationale Öffentlichkeit entbehrten und zu einem Zeitpunkt dargebracht wurden, da die entscheidenden Siege der Alliierten über die Hit-
lerarmeen noch erst bevorstanden. Heinrich Mann sagte:
„Das Wort und die Gabe, es zu gebrauchen, enden nie." Und:
„Unseresgleichen wurde Herr über die zeitgenössischen Lei-

denschaften und Ängste. Sie waren nachher unverständlich, außer in unserer Gestaltung . . .". Der Schriftsteller als Repräsentant seiner Epoche, der Glaube an die bewahrende und befreiende Kraft seines Werks – zwei Grundgedanken Heinrich Manns waren hier ausgesprochen und wurden, mit engerem Bezug auf das eigene Schaffen sogleich, Mai 1941, fortgeführt in der Selbstbetrachtung *Der deutsche Europäer*. In ihr wurde darüberhinaus der Rahmen abgesteckt, innerhalb dessen sich Heinrich Manns Rechenschaftsbericht bewegen würde: Vom historischen Grund seiner Herkunft und Erziehung bis zum Kommentar der weltpolitischen Ereignisse der Gegenwart.

Und ein weiteres wichtiges Bekenntnis hat der Siebzigjährige auf jenen wenigen Seiten ausgesprochen: Daß er die Flucht in die Vereinigten Staaten, die Abreise von Lissabon, Oktober 1940, als „Abschluß und Abschied" empfände, daß er zweifle, ob es für ihn „einen Zurückweg" gäbe. Was auf Heinrich Mann in Amerika eindrang, war die Erkenntnis einer Isolation, die ihm im Alter aufgezwungen wurde. In der Jugend hatte er sie gesucht; sie lähmte ihn auch jetzt nicht; aber sie vergrößerte doch die Entfernung zwischen dem Betrachtenden und seinen Objekten so sehr, daß manche seiner Beobachtungen sich zu reinen Abstraktionen verflüchtigten oder gar in Spekulationen verloren. Er hat sich damals angewöhnt, von einem Teil der Zeitgenossenschaft als seiner „Nachwelt" zu sprechen. Nichts könnte deutlicher den Abstand bezeichnen, den Heinrich Mann zwischen sich und die Gegenwart gelegt sah oder selbst legte. Goethes Wendung zu dem „Sich selbst historisch werden" wird hier noch einmal in verwandten Beziehungen vollzogen. Der distanzierte Blick über die Zeitereignisse und den Weg der eigenen Person wird mit jener „Toleranz ohne Milde", die dem alternden Goethe nachgesagt worden ist, auf die Erscheinungen gerichtet. Und stärker als je bilden persönliche Erfahrungen den Ausgangspunkt von Heinrich Manns Reflexionen. Das autobiographische Interesse tritt gesteigert hervor.

Es hatte in Heinrich Mann von Anfang an bestanden. Seine frühesten schriftstellerischen Versuche verhüllen es gar nicht. Dann, nach der Schulung durch Flaubert, die dem Autor verbot, „im eigenen Namen zu sprechen", waren persönliche Äußerungen öffentlich nicht mehr erfolgt. Erst der Fünfzigjährige hatte in seinem essayistischen Werk, in sparsamer Auswahl, Selbsterlebtes mitgeteilt. Sein politisches Engagement in den Dreißiger Jahren, der antifaschistische Kampf in Deutschland, dann in Frankreich in Verbindung mit der französischen und der deutschen Volksfront, hatten die autobiographische Tendenz unterbrochen. Zudem nahm das dichterische Hauptwerk jener Jahre, die Romane des *Königs Henri Quatre*, in noch weiterem Umfang als frühere Arbeiten eigenste Erfahrungen auf, ja es wurde zur geheimen Selbstdarstellung: „ein historisches Werk; seit meinem *Henri*, oder schon seit meinem *Zola*, weiß ich, wie die sind. ‚Vielleicht ist er es; vielleicht bin ich es.'" (An Lemke, 7. 11. 1946)

Nach seinem Abschluß, in einem Jahr des Abwartens – 1938/39, neue dichterische Pläne lagen nicht bereit; niemand empfand die politische Lage in Europa durch Daladier-Chamberlains Appeasement befriedet; Heinrich Mann hoffte dringend auf eine „Erhebung" gegen das Hitlerrégime – war es eine besondere Aufgabe, die ihn erneut veranlaßte, seiner Anfänge und seiner Entwicklung zu gedenken: Er hatte einer amerikanischen Auswahl aus Nietzsches Werken eine Einleitung voranzustellen. Das bedeutete eine umfassende Auseinandersetzung mit dem Lehrmeister „einer vergessenen Jugend", es bedeutete Rückblick auf die intellektuellen „Ausschweifungen" des eigenen Beginns und führte, zum erstenmal, zu dem selbstkritischen Eingeständnis der schwankenden, lediglich affektiv-abwehrenden Haltung gegenüber Gesellschaft und Staat, die Heinrich Mann um die Jahrhundertwende eingenommen hatte. „Wir vertrauten mit Freuden dem Individualisten, der es bis auf das Äußerste war, dem Gegner des Staates, – noch eher wär' er ein Anarchist, als ein ergebener Bürger des ‚Reiches'." – Eine Neigung, die bereits in den Essays der Zwanziger Jahre hervorgetreten war, wird in dem *Nietzsche*-Aufsatz unmittelbar fortgesetzt: Die Epoche des eigenen Eintritts ins geistige Leben, das letzte Viertel des 19. Jahrhunderts bis hin zum Ende des Deutschen Kaiserreichs zu erhöhen und von den Zügen zu reinigen, die im Frühwerk mit Schärfe bloßgelegt waren. *Ein Zeitalter wird besichtigt* enthält eine höchst positive Interpretation der Bismarckschen Sozialgesetzgebung. Der Nietzsche-Essay geht so weit, Nietzsches dezidierten Antisozialismus in prophetische Sympathie mit dem Vierten Stand der „Arbeiter-Soldaten" umzudeuten. Maßstab dieser veränderten Bewertung sowohl geistiger als sozialer Erscheinungen war die Gegenwart, vor deren entfesseltem Barbarismus die Vergangenheit allein gewann.

Die Gegenwart enttäuschte nur. Gleichwohl wandte Heinrich Mann sich ihr im Wendejahr 1939 mit ganz besonderer Aufmerksamkeit zu. Wie schon einmal 1916/17 private Notizen zur Verständigung über die Lage angelegt worden waren – und vor dem Zusammenbruch des Deutschen Kaiserreichs zu klarer Erkenntnis seiner Unhaltbarkeit geleitet hatten –, so begann Heinrich Mann mit Ausbruch des Zweiten Weltkriegs ein Tagebuch unter dem Titel *Zur Zeit von Winston Churchill* zu führen; er setzte es im zweiten Kriegsjahr, bis Ende März 1940, unter dem Zweittitel „. . . Deus nobis haec otia fecit" fort und stellte ihm im folgenden Jahr einen „Ersten Teil" als *Rückblick vom Jahre 1941 auf das Jahr 1939* voran. Im Ganzen sind es weit mehr als 300 Blätter, die erhalten geblieben sind, für die wenigstens zum Teil eine Veröffentlichung erwogen worden zu sein scheint (einige Abschnitte sind von Heinrich Mann ins *Zeitalter* aufgenommen worden), und die in jedem Fall als Vorstufe zu den endgültigen Memoiren aller Beachtung wert sind. Denn dieses Kriegstagebuch eröffnet die Arbeitsphase an *Ein Zeitalter wird besichtigt*: Es übt bereits dessen eigenartige Technik in der Verknüpfung von fortlaufendem Kommentar der Ereignisse mit retrospektiver Betrachtung. Es gliedert außerdem die autobiographische Mitteilung in den Zusammenhang des zeitgeschichtlichen Berichts ein: Die Selbstdeutung *Der deutsche Europäer* sollte in veränderter Form, unter der Kapitelüberschrift „Der Schreiber stellt sich vor" das Kriegstagebuch einleiten. Auch dieser Einzelpunkt: Sich selbst als den Berichterstatter gesondert einzuführen und vorzustellen, ist dann im *Zeitalter* wiederholt worden.

So waren während einiger Jahre die Elemente, aus denen *Ein Zeitalter wird besichtigt* erwuchs, herausgebildet und in einzelnen Präludien erprobt worden. Dennoch hat sich der genaue Plan des Werks erst während seiner Ausarbeit zusammengefügt. – Die erste Nachricht, die erhalten ist, spricht von „einer Zeitgeschichte", die „in Arbeit" sei, „mit meiner Existenz als zufälligem Anlaß": „Sie beschränkt sich auf Impressionen eines einzelnen, der Ablauf der Dinge und der Zusammenhang meiner Produktion sind verbunden. Es ist weder anspruchsvoll noch lang . . .". (An Alfred Kantorowicz, 28. 2. 1943) Man erfährt von dreißig Seiten und einem gesonderten größeren Kapitel über Hitler. Schon im März 1943 spricht Heinrich Mann von einem Manuskript von „hundert bis hundertfünfzig Seiten". Doch erst im November dieses Jahres gesteht er, daß diese Arbeit ihn „festhalte, sogar spanne", daß er „jetzt weniger um Selbstbetrachtung" als darum, „das Zeitalter zu besichtigen" bemüht sei: „Es handelt sich um das Gesamtergebnis, das ich ziehe." (An Kantorowicz, 11. 11. 1943) Als Heinrich Mann sieben Monate später das Manuskript abschloß, war das Werk ebensowohl „lang" als auch „anspruchsvoll" geworden.

Die zeitkritischen Partien – es gibt kein Kapitel des weitgespannten Berichts, in das das Zeitgeschehen nicht eingedrungen wäre – gehören zum Schneidendsten, was Heinrich Mann je geäußert hat. Aggressivität und Verachtung, Teilnahme und Bewunderung empfangen ihre Leidenschaftlichkeit aus der Unmittelbarkeit, mit der Welt- und Tagesereignisse aufgenommen und festgehalten werden. Mehrfach sind Daten im Text fixiert worden, weit häufiger läßt ein Vergleich der Arbeitszeit am *Zeitalter* mit der historischen Chronologie erkennen, daß die europäischen Vorgänge in der Reihenfolge ihres Auftretens sogleich verarbeitet werden. Die Frage ist hier nicht, was derart an Fehlurteilen entstand. Die Glorifizierung des Generals de Gaulle (F. D. Roosevelt hatte dessen diktatorische Tendenzen frühzeitig beargwöhnt); die Überbewertung jener während eines kurzen Augenblicks zwischen Churchill und de Gaulle erwogenen Vereinigung der britischen und französischen Reiche; die Verherrlichung Churchills, von dessen scharfen Auseinandersetzungen mit dem amerikanischen Präsidenten über Strategie und Ziele der Kriegführung Heinrich Mann nichts wissen konnte (dessen öffentliche antisowjetische Reden in Missouri und Zürich dann in der ersten Nachkriegszeit Versicherungen wie die: „,Unser Bündnis mit Rußland wird den Krieg überdauern'" Lügen straften); das Bekenntnis zu Stalin, ja mehr: Die rückblickende Verteidigung der „Moskauer Prozesse" und des Paktes mit Hitler — nur Kritik post festum hätte hier mit annähernder Richtigkeit urteilen können. Und man weiß ja, welcher Mißbrauch in der Memoirenliteratur des Nachkriegs mit retrospektiven Prophezeiungen getrieben worden ist, mit welcher Hemmungslosigkeit eine prätendierte Besserwisserei Tatsachen aufgelöst, verschwiegen und entstellt hat, um sich selbst Absolution zu erteilen. Gerade dieser Hang ist Heinrich Manns Aufrichtigkeit vollkommen fremd.

Er hat Deutschland vorgeworfen, was ihm vorzuwerfen war. Zwei Sätze enthalten alles: „. . . Herrenvolk, Lebensraum, Geopolitik und jeder andere Schwindel sind verspätete Antworten auf das eine machtvolle Wort, das Europa einst wirklich erobert hat: Freiheit." Und: „Welch ein Unglück, in die neuere Geschichte falsch eingetreten zu sein! Welch ein Unglück — und welch eine Schuld!" Die Sätze enthalten Umblick und Vergleich, keine Isolierung des deutschen Phänomens; und sie enthalten die Festigkeit des moralischen Urteils, das im äußersten Fall keine Zugeständnisse kennt.

Man hat sich gegenwärtig zu halten, daß aus Heinrich Manns

Urteilen nicht bloß moralische Unerbittlichkeit, sondern ebensowohl genaues Wissen sprechen. Er hatte seit drei Jahrzehnten einen ungewöhnlich hervorgehobenen Posten nicht nur im literarischen, sondern im gesamten öffentlich-kulturellen Leben Deutschlands eingenommen. Seit ihn der kaiserliche Botschafter in London, Fürst Lichnowsky, im Ersten Weltkrieg in Kreisen der Berliner Hochfinanz zu vertraulichen Unterredungen über den Fortgang und vorauszusehenden Zusammenbruch der deutschen Politik herangezogen hatte, war Heinrich Manns Verkehr mit Staatsmännern und Politikern nicht mehr unterbrochen worden. In den Zwanziger Jahren war er der Gast von Thomas G. Masaryk und Aristide Briand gewesen; André François-Poncet, französischer Botschafter in Berlin, war sein Freund; in den Dreißiger Jahren erlaubte ihm die Protektion des französischen Innenministers Albert Sarraut politische Warnungen in der Dépêche de Toulouse regelmäßig erscheinen zu lassen; zu schweigen von den Verbindungen, die noch in Deutschland geknüpft worden waren, wo Heinrich Mann in den letzten Jahren der Republik als Präsident der Sektion Dichtkunst der Preußischen Akademie der Künste ohnehin Zutritt zu den Ministerialbeamten der Kulturbehörden hatte, politische Gespräche in dem Berliner Kreis der Brecht, Becher, Bernhard von Brentano, Hermann Kesten, Ernst Glaeser und Leonhard Frank führte und überdies Kontakte zu Funktionären der beiden sozialistischen Parteien gewann, aufgrund derer er zum Präsidenten des Ausschusses zur Bildung einer deutschen Volksfront in der französischen Emigration berufen wurde. Was er im *Zeitalter* über diese Jahre des aktiven antifaschistischen Kampfes mitteilt, mag zum Interessantesten des Berichts gezählt werden. Es zeigt jedenfalls, daß Heinrich Mann als eine der über zeitgeschichtliche Entwicklungen und Tendenzen bestinformierten Privatpersonen spricht. Er konnte vergleichen. Den französischen Untergrund „das pays réel" etwa mit dem deutschen. Und das Ergebnis? „Frankreich ist von einer Klasse verraten worden, Deutschland — im Lauf der

Dinge – von allen. Die französischen Intellektuellen haben gekämpft. Wir . . .?"

Seine Verachtung des Hitler-Faschismus, seine absprechendsten Urteile über die deutsche Aufführung haben Heinrich Mann nicht gehindert, Absichten der Alliierten, Deutschland verkleinert, abgeriegelt und unter ständiger internationaler Kontrolle fortbestehen zu lassen, wie sie unter dem Namen des „Morgenthau-Plans" bekannt wurden, als „psychologisch primitiv, praktisch ungeeignet" entschieden abzuweisen. Das Kapitel „So viel Haß sollte nicht erdrücken!" enthält, gegen Ende des Buches, seine Feststellungen zu diesem Punkt – im Einklang mit F. D. Roosevelts inzwischen erfolgter Widerrufung der Pläne Morgenthaus, im Einklang mit den politischen Wünschen antifaschistischer deutscher Emigranten in Nord- und Mittelamerika, zu deren mexicanischer Bewegung „Freies Deutschland" Heinrich Mann seit 1942 in besonders enger Verbindung stand. Vor allem aber fügte sich dieser Ausblick, wie die gesamte Zeitkritik Heinrich Manns, Grundzügen seines Weltbildes ein: Seinen Vorstellungen von einem in alternierenden Phasen ablaufenden historischen Prozeß.

Sein Geschichtsdenken bildet die Basis der zeitgeschichtlichen Analysen. Prüft man den Umriß von Heinrich Manns Geschichtsbild, so stellt sich eine erstaunliche Übereinstimmung mit demjenigen Nietzsches heraus. Sie beginnt mit der besonderen Einschätzung der Renaissance, als dem „goldenen Zeitalter dieses Jahrhunderts" (*Menschliches, Allzumenschliches* I), als der „letzten *großen Zeit*", setzt sich fort in der Deutung des 18. Jahrhunderts, der französischen Aufklärung, als der Vollendung des 15., übernimmt Einzelzüge, wie die absolute Hochschätzung Napoleons I., die Unterbewertung der deutschen Freiheitskriege zu Beginn des 19. Jahrhunderts; kurz, schlägt man Nietzsches 2. Paragraphen des Kapitels „Der Fall Wagner" in *Ecce homo* auf, so findet man dort alle Punkte versammelt, auf die sich seine antideutsche Geschichtskritik stützt, mitsamt der Summe, die aus ihr gezogen wird: „Die Deutschen haben . . . alles, was kam, was heute da ist, auf dem Gewissen, diese *kulturwidrigste* Krankheit und Unvernunft, die es gibt, den Nationalismus, diese *névrose nationale*, an der Europa krank ist." Nur die Übersteigerung Nietzsches, die schrille Verallgemeinerung, die er seinen Affekten gegen die Deutschen gönnte: *„Alle großen Kultur-Verbrechen von vier Jahrhunderten haben sie auf dem Gewissen!"*, Heinrich Mann hat sie vermieden. Er ist dem Lutherbild Nietzsches – das auf Thomas Mann so stark gewirkt hat – nicht erlegen und hat sich enthalten, das Bismarcksche Reich mit den Akzenten Nietzsches – wie er es noch im *Nietzsche*-Essay von 1939 getan hatte – zu kritisieren. Aber er hat daran festgehalten, „die Renaissance", wie Nietzsche, nicht nur als den Beginn der neueren Geschichte zu betrachten, sondern sie als Muster einer menschlichen Entwicklungsstufe jeder Geschichtsbetrachtung voranzustellen. Und zwar in einem ganz besonderen Sinn, der die Methode von Heinrich Manns Geschichtsdenken erhellt.

„Die Renaissance" als fester Beziehungspunkt historischen Überblicks taucht früh in Heinrich Manns dichterischem und kritischem Werk auf. In den *Göttinnen* war ein Traum von ihr gestaltet, im *Laclos*-Essay wird der „Rokokomensch" an ihr gemessen, die *Henri Quatre*-Romane entfalteten endlich ihr Bild und stellten – da nicht das Nietzschesche Idol (wie in den *Göttinnen*), sondern die Realität zur Anschauung gebracht wurde – deren geschichtlichen Gehalt dar: Die Aufrichtung des auf Vernunft und Wissen gegründeten Menschenbildes der Humanisten des 16. Jahrhunderts. Der *Nietzsche*-Essay endlich faßt zusammen: „Nun hat die neuere Geschichte an ihrem Anfang, der Renaissance heißt, stürmisch alles vorweggenommen; später wurde nicht mehr erfunden, nur umständlich ausgeführt und wiederholt." Und in unmißverständlicher Abkürzung des Gedankens noch einmal: Die Renaissance habe „die Modelle für Jahrhunderte" geboten. Damit sind Nietzsches Geschichtsthesen eingebaut in die spekulative Konstruktion von „Anfang" und „Wiederholung", „Modell" und „Nachahmung", die den mittelbaren Einfluß

Hegelscher Geschichtsphilosophie erkennen läßt und die in besonderem Maß Michelets A priori-Konstruktion der Zukunft gleicht.

Im *Zeitalter*, und zwar gleich zu seinem Beginn, dient die Konstruktion der Deutung der neueren abendländischen Geschichte im Allgemeinen: „Da sind aufbegehrende Zeitalter, und da sind die zurückgefallenen." Geprüft werden beide an der Höhe, die „die Renaissance" zum Maßstab gesetzt hat. Im Besonderen wird dann das deutsche Phänomen dieser zyklischen Geschichtsvorstellung eingegliedert, als Phase des Niedergangs, Abfalls, sinnentleerter „Nachahmung": Wilhelm II. und Hitler als „Nachahmer" Napoleons I. „Ich halte dafür, daß die deutschen Abenteuer von Beginn bis Schluß, sei es wenig oder kaum bewußt, Napoleon nachahmen." Dies ist der Umriß. Die Verurteilung der neuesten deutschen Geschichte liegt hierin beschlossen: „Napoleon kam über Europa als Exekutor einer tief menschenfreundlichen Revolution. Hitler hat es befallen als eine Seuche." Oder, weiter zurückgreifend und den Beginn des nationalen Unheils aufzeigend – 1913, die frenetischen Jahrhundertfeiern der sogenannten „Deutschen Erhebung" waren ein persönliches Erlebnis Heinrich Manns, das er nie vergessen hat: „Der Freiheitskrieg der Deutschen hat sich bei ihnen, in ihnen, für ihr Gemüt und ihre Geschichte nachhaltig ausgewirkt: Seine Folgen halten bis zur Stunde an. Weder der dreißigjährige des 17. Jahrhunderts noch die zwanzigjährigen Kriege Friedrichs des Großen hinterließen vergleichbare Spuren ... Es wurde übernommen der Begriff Napoleon, als die sieghafte Macht schlechthin. Besiegt, gestürzt, wuchs er insgeheim und beständig, nistete sich ungenannt, kaum mehr bewußt, in Deutschland dennoch ein – bis zur Nachahmung, bis den Deutschen ihn zu wiederholen möglich schien. Ungeheuerlicherweise schien es ihnen auch erlaubt." So hatte auch Nietzsche geurteilt: Er hatte den Deutschen vorgeworfen, daß sie „mit ihren Freiheitskriegen" Europa um den Sinn, „um das Wunder von Sinn in der Existenz Napoleons" gebracht (*Ecce homo*) und also seine Wirkung, „beinahe die Geschichte des höheren Glücks" (*Jenseits von Gut und Böse*), verhindert und frevelhaft verkehrt hätten.

Man mag Heinrich Manns spekulative Deutung aufnehmen, wie man will, eins steht fest: Er hat den Weg Deutschlands im 20. Jahrhundert nicht losgelöst und als abnormes Phänomen per se betrachtet, sondern seine Vorstufen erwogen. Er hat sein Zeitalter als Folge vorhergegangener begriffen und sich zu Beginn des 19. Jahrhunderts jene verhängnisvolle Wendung anbahnen sehen, die die Alternative der Nation: „Einheit durch Freiheit" oder „Einheit vor Freiheit" im Sinne der zweiten Formel entschied. „Welch ein Unglück – und welch eine Schuld!"

Ein engeres historisches Bezugssystem zeigt, daß sich Hegelsche Vorstellungen von dem in Wellenbewegungen voranschreitenden historischen Prozeß – Heinrich Mann war mit diesem Denkschema frühzeitig durch die Lektüre Taines und Michelets vertraut geworden – in Heinrich Manns Anschauungen mit einem vorhegelschen Geschichtspragmatismus verbunden haben: Unter allen Ereignissen der neueren Geschichte ist ihm die Französische Revolution als exemplarisches Beispiel menschlichen Fortschritts stets gegenwärtig gewesen. Daß Deutschland nur folgenlose Versuche, aber nie seine politische Revolution erlebt habe, war der Hauptgrund von Heinrich Manns deutscher Geschichtskritik seit den Tagen seines ersten öffentlichen politisch-kulturpolitischen Auftretens nach der Jahrhundertwende. Seine Romane jener Jahrzehnte umkreisen dieses Problem. Während des Ersten Weltkriegs setzen Tagebuchnotizen die Marine- und Arbeiterrevolten des letzten Kriegsjahrs zu Ereignissen der französischen Geschichte in Beziehung. Der Beginn der Russischen Revolution endlich erscheint ihm sogleich 1917 als die Weiterführung des französischen Beispiels. Er benutzte den historischen Vorgang zur Erklärung des gegenwärtigen. „Man zieht Parallelen . . ." Die kurze Notiz von damals ist im *Zeitalter* ausgeführt. Nicht nur, daß Heinrich Mann die Essenz seines Geschichtsdenkens in „Modell" fällen nun unter der thesenhaften Kapitelüberschrift „Die beiden Revolutionen sind eine" zusammenfaßt. Er hat hier mehrmals bekannt, daß „die französische Parallele" ihm als Schlüssel zu zeitgeschichtlichen Erklärungen diene, daß man gegenwärtige „Vorgänge auf ihre Richtigkeit prüfen" könne „an den alten Parallelen", daß „die alte Revolution ihre volle Gegenwart wiedererlangt" habe „bei der neuen, die sie fortsetzt".

Zeitgeschichte wird an der Vergangenheit gemessen und nach Maßgabe des einmal Erreichten beurteilt. Die Bedeutung dieses von Heinrich Mann seit langem geübten Verfahrens mag durch eine Passage aus der großen zeitkritisch-geschichtsphilosophischen Studie *Kaiserreich und Republik* von 1919 beleuchtet werden: „Wenn das neunzehnte Jahrhundert an die Selbsttätigkeit der Materie glaubte, Grund war nur die Unzulänglichkeit seiner eigenen menschlichen Schöpferkraft. Es war im ganzen eine Zeit des Versagens, nach jenem achtzehnten, das der Menschengröße so reich vertraute und darum ihr unvergängliche Beispiele gab. Unter uns Menschen des zwanzigsten Jahrhunderts lebt auf und handelt weiter die französische Revolution. Sie ist ewig, ist übernationales Geschehen im Angesicht der Ewigkeit. Im Schein von Blitzen hat sie einst für Augenblicke vorweggenommen, was noch die künftigen Jahrhunderte unserer Welt mit täglicher Wirklichkeit erfüllen soll." Das Feld der Zeit- und Geschichtskritik ist in dieser weitgreifenden Äußerung überschritten. Nicht allein daß Heinrich Manns zyklische Geschichtsbetrachtung deutlich genug in der Vorstellung vom Auf und Ab der letzten drei Jahrhunderte hervortritt: Indem die Französische Revolution zu einem absoluten Wert erhoben, die historische Erscheinung zur Idee gesteigert, dem praktischen Bereich entzogen und dem philosophischen System eines Materie-Geist-Dualismus eingeordnet wird, erklärt sich die Bedeutung von Heinrich Manns Geschichtspragmatismus, erklärt sich der Sinn der „französischen Parallele", des großen „Beispiels" als das Bekenntnis eines Idealisten. – „Das Geistige erscheint mir als das Primäre, es hat in der Geschichte den Vortritt", die Bemerkung im *Zeitalter* faßt Heinrich Manns Credo zusammen; sie wiederholt einen der frühesten Grundsätze des Zwanzigjährigen: „Die geistigen Bedürfnisse schaffen stets die materiellen Forderungen, die der Materialismus zum Primären erheben wollte." So allgemein genommen und reduziert auf die Grundhaltung seines Weltverständnisses erscheint erst das umfassendste Geständnis, das Heinrich Mann im *Zeitalter* abgelegt hat, in seinem ganzen Wahrheitsgehalt: „Wenn ich Überzeugungen hatte, ich behielt im Grunde von früh an immer dieselben . . ."

Sein Glaube an die wirkende Kraft ideeller Faktoren hat Heinrich Manns Menschenbild, seine Moral bestimmt, lange bevor seine politischen Anschauungen sich endgültig gefestigt hatten. „Der Geist gedeiht in feindlicher Luft, und wollten wir von der Welt nichts anderes als Befeuerung unseres Talents, wir hätten den Herren zu danken", heißt es in einem Essay aus dem Frühjahr 1914; die „wahre Wirklichkeit" bestehe „in den Geistern, nicht in den Tatsachen", lautet eine Bemerkung von 1917 – zu einer Zeit, als Heinrich Mann sein dualistisches Denken auch bereits der Deutung historischer Vorgänge zugrundelegte und die Arbeiterbewegung des 19. Jahrhunderts nach durchaus idealistischen Kategorien beurteilte: „Ihr Glück war das Sozialistengesetz, es erhielt sie lange wach und in der Ruhelosigkeit des Verfolgten." Nimmt man jene Antwort hinzu, die Heinrich Mann damals in dem Roman *Die Armen* auf „die soziale Frage" gefunden zu haben meinte: „Die Armut aber ist mehr, viel mehr, als ein Gesetz der Wirtschaft; die Seele will sie", so kann kein Zweifel bestehen, daß er aus seinem Ideenglauben zunächst einen rein persönlichen Sittlichkeitsbegriff entwickelt hat, dem sogar gewisse voluntaristische Akzente beigegeben waren. Es ist keineswegs Zufall, daß Heinrich Mann in dem Jahrzehnt seines *Untertan*, der Phase eingehender gesellschafts- und geschichtskritischer Auseinandersetzungen, mehrmals und ausdrücklich Kant als den Lehrer einer subjektiv autonomen

Ethik berufen und in seinem Sinn den materialistischen Welterklärern, den „den Menschen ... noch immer nur für ein Erzeugnis seiner Wirtschaft ausgeben möchten", kategorisch entgegengehalten hat: „sein Geist komme über den Stoff."

Die Aufnahme des sozialistischen Bekenntnisses in das eigene Weltbild hat an den dualistischen Grundpositionen Heinrich Manns nichts geändert. „Eine starke Moral beruht keineswegs auf der Wirtschaft allein", faßt er im *Zeitalter* zusammen, und er fügt die Entwicklung der russischen Literatur während der letzten Jahrzehnte des Zarismus als Beispiel dafür an, daß „eine ganz verkommene Ökonomie von dem entschiedensten sittlichen Aufschwung begleitet sein" könne. Ja auch das Beispiel vom Widerstand der Umstände, der wie im Fall der Arbeiterbewegung, das geistige Wollen steigere, kehrt hier aus neuem eigenem Erleben wieder: „Gefängnis und Exil wären der geistigen Erfrischung günstig gewesen, wie man seither erfahren hat."

Dem 19. Jahrhundert, „von seinen Errungenschaften vollauf gesättigt", fehlten die Gefahren des Geistes. Gerade darin erblickt der Dualismus Heinrich Manns einen Grund des intellektuellen Versagens, der ihn ermächtigt, seine Vorstellung von den Phasenentwicklungen der geschichtlichen Bewegung über einzelne Abschnitte der Historie hinaus in den weiteren Rahmen „aufbegehrender" und „zurückgefallener Zeitalter" einzuspannen und die Zyklen des historischen Prozesses zuletzt unter der systematischen Kategorie der Jahrhundertzählung zusammenzufassen. Er hat an jener Entgegensetzung des 18., 19. und 20. Jahrhunderts, die der Essay *Kaiserreich und Republik* zum erstenmal deutlich aussprach, festgehalten und seine Deutung der einander durch Widerspruch ablösenden Zeitalter in jenem tiefgreifenden *Bekenntnis zum Übernationalen* fortgeführt, das als sein letztes Wort an die Öffentlichkeit der Weimarer Republik, Dezember 1932, gerichtet war. In ihm hatte Heinrich Mann die geschichtsphilosophisch begründete Betrachtung seiner Epoche unter die allgemeinsten Begriffe, die seiner historischen Einsicht möglich waren, gestellt und unter ihnen auch die „Besichtigung" seines Zeitalters mit einem endgültigen Urteil abgeschlossen.

Er sah seine Zeit in einem „Gegenschlag" gegen die im 18. Jahrhundert erreichte Vernunfthöhe sich einer katastrophalen „Unvernunft" hingeben, er sah nach 1900 das „Nichtdenken" bedingungslos herrschen, über die Kunst wie über „alle großen Mächte des Lebens", „die Nation, Traum, Krieg, Liebe heißen sollten"; er begriff, mit einem Wort, sein Zeitalter, die erste Hälfte des 20. Jahrhunderts, als eine Epoche des „Irrationalen". „Die Wiedereinführung des Irrationalen war die gute Gelegenheit der menschlichen Schwäche, sich gehen zu lassen, sich auszuverschenken an Instinkte, die nicht nachgeprüft werden, weil sie tief sind, und nicht nachgeprüft werden dürfen, weil ihre Tiefe sie heiligt."

Die wichtigsten Passagen des *Bekenntnisses zum Übernationalen* hat Heinrich Mann für wert gehalten, den eigentlich autobiographischen Kapiteln des *Zeitalters* einzufügen (im Abschnitt „Skepsis"); ein Zeichen dafür, daß er die vor dem Exil gewonnene Deutung noch im Alter vertrat. Sie hatte ihm – abgezogen von Einzelheiten wie sie war, zu einer jener Abstraktionen vorangetrieben, die seine „moralische Naivität" (sein eigenes Wort über die eigene Haltung) verlangte – eine Polemik nach zwei Seiten ermöglicht: Eine Attacke auf den Monismus des 19. Jahrhunderts, diese schon 1932; nun folgte, ergänzend, die Ablehnung der dialektisch-materialistischen Erklärung der Zeitgeschichte: „Zuerst die Wirtschaft, dann der ‚geistige Überbau' – ist eine Theorie ... 1900, als der Irrationalismus einsetzt, hat keine Industrie der Welt, auch die deutsche nicht, gewußt, daß sie eines europäischen Weltuntergangs bedürfen werde, um ihre unsozialen Sitten auf einige Jahre zu verlängern." Nun haben aber Marx, Engels und Lenin dies und einiges mehr vorhergewußt, ohne daß diese Kenntnis notwendig an die deutsche Industrie gelangen mußte ... Doch die Frage ist auch diesmal nicht, welche Phänomene Heinrich Mann unter seine

Konstruktionen gebeugt hat. Interessant ist allein, zu bemerken, daß Heinrich Mann *trotz* seiner weitgehenden Einsichten in den politisch-ökonomischen Zusammenhang der Dinge (er war es als erster, der schon 1923 auf die Geldgeber Hitlers hingewiesen hat; er ist unter den Geistern seiner Generation der erste geblieben, der dieses Wissen benutzt und vervollkommnet hat) das Primat des Geistigen aufrechterhält. „Aber man empfängt eine Religion sehr früh, lernt sie wohl beurteilen, und bekennt dennoch sie oder ihr Andenken bis ans Ende."

So unumstößlich schien Heinrich Mann die geschichtsphilosophische Interpretation der Gegenwart, die sein *Bekenntnis zum Übernationalen* lieferte, daß er sich damals, 1932, gestützt auf seine zyklische Anschauung der Historie, zu einer Voraussage, sonst in dieser Form von ihm vermieden, bewegen ließ. Er schrieb: „Das Zeitalter des Irrationalen wird gegen 1940 ablaufen. Die Vernunft darf sich vorbereiten, wieder einzuziehen." Er fand im Alter, noch während der Niederschrift seiner Gedanken und Erinnerungen, diese Prophezeiung bestätigt durch den Kriegsausbruch 1939, durch die Allianz der Welt gegen den „leibhaftigen Irrationalen, Hitler", und zog die Summe aus seinen Betrachtungen: „Großartig widerlegt ist seither der Fanatismus der Widervernunft. Nichts anderes bedeutet dieser Krieg, insofern er als geistiger Vorgang verstanden ist." Damit wird die „Besichtigung eines Zeitalters" ihrem Ende zugeführt. Nach dem „Abfallen", „Versagen" der geschichtlichen Bewegung in den Katastrophen des Irrationalismus erfolgt ihr Wiederanstieg, der andere „Gegenschlag" – „Die menschliche Verwandlung". Wie er die Lage erblickte, sah er die führenden Staatsmänner die Geschicke der Welt zum Bessern wenden: „Messrs Churchill und Roosevelt" (um dessen Fourth Term er bangte), „le général de Gaulle" und Stalin – auch Stalin.

Ihre Rolle, den Sinn ihres Handelns, erklärt Heinrich Mann mit den Grundbegriffen, auf denen sein Geschichtsdenken ruht. Er stellt sie dar: Als Kämpfer für die „Vernunft" – sie überwinden die Epoche des Irrationalismus; als Verteidiger einer gesellschaftlich-verbindlichen Moral – sie ersetzen die Amoral, die das „zurückgefallene Zeitalter" durch Nietzsche und die lebensphilosophische Schule sich hatte rechtfertigen lassen; endlich als „Intellektuelle", als Repräsentanten des „Geistes" – sie, „mitsamt ihren Nationen", treten ein für die unveräußerlichen Werte der Menschenrechte, für jenen „ewigen" Sinn der geschichtlichen Bewegung, den Heinrich Mann in der Französischen Revolution für alle Zukunft vorweggenommen sah. Seine antithetische Betrachtung mündet damit in die Synthese. „Gegen Ende des Zeitalters findet das sittliche Bewußtsein sich zur Regierung berufen", und: „Ein Versuch geht vor, wir werden dabei gewesen sein: mit der Autorität als sittlicher Funktion, mit der Autorität als einer Erscheinung der Tiefe. Nur die Versenkung in den Menschen ist tief." Über die Beschreibung der eingetretenen Wendung erhebt sich Heinrich Manns Deutung: „Die Ferse des Bedrückers, gegen sie ist wieder einmal die Autorität aufgebrochen, die höhere Autorität des Intellektuellen an der Macht, gegen den irrationalen, boshaften Typ des Machthabers. – Sollte ich mißverstehen? Die Autorität – wird revolutionär." Die alte Antinomie von „Mensch" und „Macht", von „Geist" und „Tat", unter der Heinrich Mann seinen dualistischen Idealismus von jeher bekannt hat, ist aufgehoben. Seine Geschichtskonstruktion ist erfüllt, „das Zeitalter bis hierher vollendet".

Welchen Platz der Schriftsteller in dem Gesamtbild, das Heinrich Mann entwirft, einnimmt, wie er ein geistig-künstlerisches Bemühen, seine eigenen sozialkritischen Gestaltungen einordnet, versteht sich nach allem von selbst. Blickte er zurück, so mußte er, völlig zurecht, seine eigene Entwicklung seit 1900 als *Gegen*entwicklung zu den offiziösen deutschen Tendenzen erkennen. Schon früh, noch ehe sich seine politischen Positionen gefestigt hatten, war ihm der Antagonismus zwischen dem Intellektuellen und Staat und Gesellschaft durch Nietzsches Negationen geläufig geworden. Jener „Bürger mit schlechtem Gewissen", an dem Thomas Mann nach der Jahrhundertwende so lange herumlaboriert hat – eigentlich ein Pseudoproblem, ihm übrigens nicht durch Nietzsche, sondern dem Franzosen Paul Bourget vermacht –, wurde darum keineswegs aus Heinrich Mann. Ihn richtete das Vorbild der französischen Literatur auf, die dem Schriftsteller den gesicherten Platz des Moralisten im öffentlichen Bewußtsein angewiesen hatte. Voltaire, Stendhal, gewiß Balzac gaben Heinrich Mann das Beispiel von Sinn und Aufgabe der Literatur als eines gesellschaftskritischen Instruments und wiesen damit zugleich dem Schreibenden Amt und Würde des Richters zu. Balzac, in seinem „Avant-Propos" zur *Comédie Humaine* hat nicht gezögert, den Schriftsteller dem Staatsmann an Rang und Einfluß zu vergleichen – er hat damit nur eine bestehende Tradition aufgenommen. Und Nietzsche? „Er stellte an die Spitze seiner geforderten Gesellschaft den stolzen Geist, – warum nicht uns selbst?"

Die Bemerkung, abermals aus dem *Nietzsche*-Essay von 1939, bildet das Resümee von Überzeugungen, die Heinrich Mann seit 1910 vertreten hat, dem Jahr, da er sich in politisch-kulturpolitischen Manifesten „unmißverständlich" zu äußern begann. Damals hat er seine Idee des „Geistes" definiert und sich zu ihm als einem demokratischen Leitbegriff – „zersetzend, gleichmacherisch" – ganz bekannt: Dem Gegenbegriff zu allem gesellschaftlich Bestehenden, der imperialistischen Bourgeoisie, der imperialistischen Monarchie. Heinrich Mann hat sich selbst damals zu einer Gegenmacht erhoben. Wenn er seither das Zeitgeschehen dichterisch und kritisch kommentierte, geschah das ohne ironische Unterwerfung, durchaus mit der Geradheit, der kühlen, halb abgewendeten Haltung des Wissenden. Die Würde seines Berufs gab ihm Festigkeit. Er wußte aus Beispielen der französischen und russischen Literatur, daß eine Gesellschaft sich selbst, ihre „zeitgenössischen Leidenschaften und Ängste", nur im dichterischen Abbild erkennen würde. „Sie waren nachher unverständlich außer in unserer Gestaltung." So erblickte er gegen Ende seines Zeitalters im Wiederaufleben der Moral, gewandelter gesellschaftlicher Erkenntnisse die Frucht seiner eigenen Bemühungen nicht weniger als die der Staatsmänner, jener „Intellektuellen an der Spitze der Öffentlichkeit". So konnte er feststellen, daß nichts in dem weitgespannten Bericht, keine der Reflexionen über Vergangenheit, Zeitgeschichte und Zukunft nicht nur seines Landes, sondern Europas, das er ohne Sowjetrußland nicht mehr dachte, „unpersönlich" gemeint seien, daß vielmehr das Allgemeinste seiner Teilnahme aus „allerpersönlichstem" Interesse hervorginge. „Mein eigenes Dasein hängt ganz und gar davon ab, daß sittliche Bemühungen möglich sind."

Unter allen Aspekten ist dieser der „letzte", mit ihm wird das Werk der Erinnerungen beschlossen. Anderes ist vorher abgehandelt worden: Das „Lebensgefühl" seiner selbst und der Epoche – gewisse irrationale Züge treten in seinem Bekenntnis hervor; die eigene „Skepsis" – stets wirksame Ergänzung des moralischen Rigorismus; selbst „das Böse" ist zugelassen – und wird, dem antithetischen Denken Heinrich Manns gemäß, als treibende Kraft, die das Gute schaffen kann, gedeutet. Gewichtig bleibt nach allem „die menschliche Verwandlung" des Zeitalters als gesellschaftlich-moralischer Vorgang begriffen, so gewichtig, daß der Betrachtende an dieses Zeichen zum guten Ende seinen Dank knüpft. „Ich danke dem Zeitalter und seinen Menschen: beide sind von bequemen Anfängen zu katastrophalen Vollendungen geschritten. Meinem Geschick bin ich dankbar – nicht, weil ich bald oben bald unten war. ‚Wo ich sitze ist immer oben.' Sondern, daß meine Verantwortung heute von vielen, genau sogar von allen mitgetragen wird. Wir waren einst wenige auf denen geistige Verantwortung lastete, ohne unser Verdienst gewiß, aber wir waren so beschaffen." Die Versöhnung des Kritikers mit seiner Zeit scheint hergestellt, weil er seine sittlichen Forderungen in der Zeit erfüllt findet.

Meditationen der Einsamkeit, abgeschlossen in einem Augenblick der Hoffnung, „am Siebenzehnten nach dem D-day" –

die westlichen Alliierten waren in Nordfrankreich gelandet. Das Ende der währenden Katastrophe war abzusehen. – Waren die Hoffnungen zu hoch gespannt? Was mochte von dem Ausblick, den Heinrich Mann eröffnete, Bestand haben? Er selbst hat sich zwei Jahre nach Erscheinen des Werks darüber geäußert: „Die ‚menschliche Verwandlung', mit der ich das Zeitalter beschließe, mag ein Irrtum sein; ich glaube es nicht. Nur begreife ich die Verwandlung nicht sogleich politisch. Nach Kriegen macht man mit ermüdeten Völkern, was man will, vor allem mit den Siegern, sie wären denn, wie auch ihre Regierungen, ungewöhnlich besonnen. – Sind nicht die ungünstigsten unter den wahrscheinlichen Folgen des Krieges in dem Buch Zeitalter hier und dort angedeutet? Es hält sich bei ihnen nicht auf; festzuhalten war der freudige, ehrenvolle Moment der sittlichen Verwandlung als sie begann. Im Innersten der Ereignisse vollzieht sie sich weiter. Das äußere Leben ist es, das immer nur auf Zwischenfälle wartet, damit es entgleisen kann." (An Kantorowicz, 10. 1. 1948) Es ist keine blinde Hoffnung, die hier spricht. Seinen Glauben an das ideelle Resultat, mit dem das Zeitalter endigte, hat er nicht antasten lassen wollen, das ist wahr. Aber wie weit ging seine Skepsis. In den Tagen, da seine Bekenntnisse erschienen, schrieb er an Alexander M. Frey: „Was in der Welt vorgeht, lasse ich gut sein und lese die Zeitung wie ein Witzblatt. Das Leben ist zu kurz geworden, um auf weitere Katastrophen zu warten. Mein Buch ›Ein Zeitalter wird besichtigt‹ ist hierher nicht gelangt, soll aber in der Schweiz bemerkt werden. Vielleicht auch nicht wahr." (9. 4. 1946)

Das Buch, 1946 in Stockholm herausgebracht, 1947 in hohen Auflagen vom Aufbau-Verlag, Berlin, nachgedruckt, ist in der westlichen Welt nicht bemerkt worden. Seit Friedrich Sieburg Heinrich Manns Erinnerungsbuch gewürdigt hat, seit Ludwig Marcuse mit seinem Plädoyer für Heinrich Mann und Hermann Kesten mit Beiträgen zu Heinrich Manns Gedenken hervorgetreten sind, hat es in Westdeutschland nicht an Stimmen gefehlt, die diesem in deutschen Traditionen unvergleichlichen Werk Wirkung und Einfluß mit Ernst und Nachdruck gewünscht haben. Man versagt sich zuletzt, diesen Wunsch erneut vorzutragen. Statt dessen stellt man mit der Genugtuung, die der Anblick der Folgerichtigkeit immer verschafft, fest, was einer Öffentlichkeit fehlt, die einen ihrer größten Erzieher ungehört, unbedankt dahingehen läßt.

Der Widerspruch, den einige methodische und ideologische
Anmerkungen in meiner Untersuchung der *Anfänge Hein-*
rich Manns hervorgerufen haben, läßt es nicht überflüssig erscheinen, auf diese noch einmal zurückzugreifen, sie zu ver-
vollständigen und im Zusammenhang vorzutragen. [2] Von
der Sache her bleiben dabei unserem Thema enge Grenzen
gezogen. Das liegt daran, daß die Germanisten Heinrich
Mann im Ganzen von jeher vernachlässigt haben. In den wenigen Fällen jedoch, in denen sie sich seinem Werk zuwand-
ten, ist das mit einer verblüffenden Einseitigkeit geschehen
und unter Bloßlegung einer derart konstanten Haltung, daß
man eine ganze Symptomenreihe aufdeckt, wenn man das
Phänomen der literarwissenschaftlichen Rezeption Heinrich
Manns betrachtet. Diese symptomatischen Aspekte sind es
denn auch, die unserem Gegenstand Interesse geben.

Die Bemühungen der zeitgenössischen Literatur*kritik* um
Heinrich Manns Werk können wir übergehen. Auch die
gründlichsten der Rezensionen, die jede Neuerscheinung
Heinrich Manns begleitet haben, erreichen weder eine soge-
nannte „werkimmanente" Interpretation oder Analyse der
Bauformen noch zeigen sie den Versuch einer literarhistorischen Einordnung: Sie dienen der Ankündigung und Be-
kanntmachung. Das ist bis zuletzt so geblieben. Und auch einige frühe monographische Arbeiten [3] erweisen sich, wis-
senschaftlich besehen, als belanglos. Sie entstanden als Huldi-
gungen an Heinrich Mann – für eine kritische Leistung nicht
immer der beste Ausgangspunkt.

Unter den Literarhistorikern war es der Außenseiter Albert
Soergel, der in seiner ersten Darstellung der *Dichtung und*
Dichter der Zeit im Jahr 1911 Heinrich Mann einen Abschnitt widmete. Ganz richtig wird sein Werk hier der nachnaturalistischen Literatur eingereiht; ganz richtig hat Soer-

gel eine gewisse Entwicklung Heinrich Manns erkannt und sie mit den literarhistorischen Stichworten „von d'Annunzio ... weg" „zu Balzac und Flaubert hin" bezeichnet, womit er Heinrich Manns Weg aus der Décadence, der Analyse ästhetizistischer Lebenshaltungen und der Existenzprobleme „einsam verfeinerter, neurasthenisch überreizter Künstler" [4] zum Gesellschafts- und Zeitroman hinreichend andeutet. Ja in einem Punkt hat Soergel in dieser frühen Darstellung alle Nachfolger übertroffen, indem er, wenn auch kurz, auf das Jugendwerk Heinrich Manns, die „ersten Romane und Novellen" vor der Jahrhundertwende, eingeht und ihren „lehrhaft psychologischen Erzählerton" [5] von Paul Bourget herleitet.

Was Soergel bot, war eine wohlwollende Nachzeichnung dessen, was ihm als Werk Heinrich Manns vorlag. Noch die *Kleine Stadt* (1909) hat er jener Linie „von d'Annunzio weg zu Balzac hin" zuweisen können, hat ihren politisch-symbolischen Gehalt − in kleinem Kreis „dieselben Kräfte an der Arbeit zu zeigen, die weltgeschichtliche Umwälzungen hervorrufen" [6] − völlig richtig bezeichnet, es aber dann doch vorgezogen, die „Kompositionskunst" dieses Romans, die „technisch sichere Darstellungsart" Heinrich Manns zu betonen und durch die Rubrizierung der *Kleinen Stadt* unter den „sozialen Experimentalroman" [7] die eigenen Einsichten in einer pseudo-sachlichen Katalogisierung gleichsam aufzuheben. Zweifellos wäre Soergels Darstellung anders ausgefallen, hätte er noch die beiden ersten kulturpolitischen Essays von Heinrich Mann aus dem Jahr 1910 beachten können, die wir heute als das sichtbarste Zeichen seines beginnenden gesellschaftsbildnerischen Engagements erkennen, die aber damals an wenig beachteter Stelle erschienen: *Voltaire − Goethe* und *Geist und Tat*. [8]

Die Texte enthalten Heinrich Manns Bekenntnis zur republikanischen Staatsform nicht weniger als sein allgemeines weltanschaulich-politisches Credo; sie enthalten zum ersten Mal in begrifflicher Sprache, was seine letzten beiden Romane *Zwischen den Rassen* und *Die kleine Stadt* im Bild gegeben hatten: Die Abwendung von dem gesellschaftsfeindlichen Kritizismus und Individualismus seiner frühen Zeit, die Hinwendung zu einer gesellschaftlich-verbindlichen demokratischen Moral – eine Wendung, die, wie man hervorheben muß, unter den Schriftstellern der wilhelminischen Ära mit dieser Konsequenz von Heinrich Mann allein vollzogen worden ist.

1925 hat Soergel in seiner nun zweibändigen Ausgabe das Kapitel über Heinrich Mann neu bearbeitet und auch einem neuen Zusammenhang eingeordnet, da er ihn nun als einen der „Vorbereiter und Vorläufer" des „Expressionismus" aufführt. Diesem (lediglich stilkritisch zu begründenden) Akzent braucht hier nicht nachgegangen zu werden. Dagegen sind einige andere Neubewertungen zu beachten. Doch zuvor ein Wort zu den veränderten Umständen, unter denen Soergel jetzt über einen der sichtbarsten Repräsentanten der deutschen Literatur urteilte: Heinrich Manns *Untertan*, vor Kriegsausbruch, im Juni 1914 abgeschlossen, lag zu demselben Zeitpunkt als Buchausgabe vor, da das Deutsche Kaiserreich nach der Niederlage im Krieg liquidiert und an die Stelle der Monarchie die republikanische Staatsform getreten war. Daß sie vom konservativen Bürgertum nicht gestützt wurde, daß im Gegenteil bei ihrer Einsetzung die Machtbefugnisse der Obersten Heeresleitung auf die weitgehende Erhaltung des monarchistischen Apparates sah, daß auf Seiten der Militärs von Loyalität zum neuen Staat keine Rede war und daß mit der Übernahme des alten Beamten- und Justizpersonals der Reaktion von Anfang an Tür und Tor geöffnet war, wird von der Geschichtsschreibung heute mehr und mehr aufgedeckt. [9] Heinrich Mann selbst hat das mindestens seit 1923, dem Jahr der Hochinflation, deutlich erkannt und dann in immer stärkeren Warnungen auch ausgesprochen. Er hatte sich gleichwohl der neuen Regierung sofort zur Verfügung gestellt. Er hatte im Dezember 1918 im Münchner Politischen Rat geistiger Arbeiter über *Sinn und Idee der*

Revolution gesprochen, hatte im März 1919 die Gedenkrede auf Kurt Eisner, den ermordeten Ministerpräsidenten der bayerischen Räterepublik, gehalten; er hatte sich im Oktober 1923 in einem offenen Brief an Gustav Stresemann gewandt und sich angesichts des nationalen Ausverkaufs zugunsten der Großindustrie für wirtschaftliche Zwangsmaßnahmen der Reichsregierung eingesetzt, für eine soziale *Diktatur der Vernunft*. Er war endlich im selben Jahr 1923 als offizieller Festredner zur Feier der republikanischen Verfassung in der Dresdener Staatsoper aufgetreten und hatte an dieser Stelle daran erinnert, daß noch einige Artikel der Weimarer Verfassung zu verwirklichen seien: Die Sozialisierung der Bodenschätze und Grundindustrien.

Es sind genau diese Unternehmungen und Programmpunkte Heinrich Manns, die Albert Soergel in dem Nationalismus, wie seine Biederkeit ihn versteht, verletzen. Er greift sie auf, prangert sie an und sieht in Heinrich Mann nun einen „westeuropäischen Demokraten", keinen „Schöpfer aus Herz und Seele, sondern einen Hirnmenschen, keinen Idealisten, sondern einen Ideologen, keinen Ethiker, sondern einen ‚Intellektuellen' ...". [10] Man erkennt eine ganze Synonymenreihe, in der irrationale Antithesen mit einem eindeutig politischen Begriff (dem des „westeuropäischen Demokraten") auswechselbar auftreten. Und hier wird es nun klar, daß Soergel den ersten demokratischen Roman Heinrich Manns *Die kleine Stadt* unter dem neutralen Gattungstitel eines „sozialen Experimentalromans" noch hatte hinnehmen können, daß ihm aber die verbindliche Gesellschafts- und Epochenkritik des *Untertan* so unannehmbar erscheint, daß er im Eifer der Ablehnung seine Urteilskategorien vermischt und zu einfachen Behauptungen greift: „blinder Haß" habe die Gestalt des „Untertans" „verzeichnet" und „Einbrüche aus Manns sexualpsychologischer Periode reißen das Werk aus allen Fugen". [11]

Damit hat Soergel seiner Aversion ein bequemes Mittel des Angriffs verschafft: Er gibt die literarischen Kriterien auf und trägt einen sachfremden Begriffsapparat an ein erzählerisches Werk heran: Die „Sexualpsychologie", die er offenbar perhorresziert. Man braucht nur kurz daran zu erinnern, daß ohne sie ganze Werkkomplexe der modernen Literatur – von Schnitzler, dem frühen Musil, Thomas Mann, Döblin bis zu Hans Henny Jahnn – nicht entstanden wären, um eine Beschränktheit Soergels zu erkennen, die für Nutzen und Vorteil einer unpsychologischen, der sogenannten „Heimatkunst" (Lienhard, Frenssen usw.) viel Sinn entwickelt und die konsequenterweise bereits gegen Ende der zwanziger Jahre im völkischen Lager landet.

Ein besonderes zeitgeschichtliches Moment hat Soergels Aggressivität gegen Heinrich Mann bestärkt: Das ist Heinrich Manns Eintreten für eine deutsch-französische Verständigung. Mit ihr setzte er sich in den Jahren der französischen Ruhrbesetzung heftigen Angriffen aus. Und so erhält denn Soergels Vorwurf, daß man sich in Heinrich Mann vor einem „westeuropäischen Demokraten" zu hüten habe, mit direktem Bezug auf das, was er „den Ruhreinbruch" nennt [12], eine besondere Verschärfung durch ein Beiwort, das zweifellos der verjährten Kriegspropaganda entnommen ist, dem Nationalisten aber immer noch geläufig zur Verfügung steht: Heinrich Mann sei unwandelbar „entente-gläubig" [13]. Dies prägt Soergel seinen Lesern dreimal ein; und nachdem er so den Deutschen Heinrich Mann als Feind in den eigenen Mauern angeprangert hat, kann er seine Scheltrede mit der Bemerkung schließen, daß Heinrich Mann „im Menschlichen bettelarm ist" [14].

So weit, so gut. Denn man kann es immerhin „gut" nennen, wenn ein Aggressor seine Beweggründe so offen erkennen läßt, wie Soergel. Ihm paßt Heinrich Manns Politik nicht, und demgemäß opponiert er gegen Heinrich Manns politische Dichtung. Dennoch haben auch seine Attacken mit Literaturbetrachtung nicht nur durch ihren Gegenstand etwas zu tun: Hinter aller politischen Polemik verbirgt sich bei Soergel eine ganz spezifische Vorstellung von „Dichtung" und „Dichter".

Sie ist uns mittelbar entgegengetreten in seinen Umschrei-
bungen „Schöpfer aus Herz und Seele", „Idealist", „Ethiker", und man könnte andere, ähnliche Bestimmungen her-
vorsuchen, wie „schöpferische sehende Liebe" [15] oder dergleichen. Indessen brauchen wir uns hier nicht weiter zu bemühen. Denn was Soergel nicht leistet: die dichtungstheore-
tische Definition und ihre Anwendung, das bieten zwei Lite-
raturwissenschaftler, die sich kurz nach ihm mit Heinrich
Manns Werk befaßt haben: Fritz Strich und Walter Rehm.
Indem wir uns ihren Ausführungen zuwenden, blicken wir in
Sphären, wo jeder Vorwurf des Politischen, scheinbar, ent-
kleidet und wo unter spekulativ-ideeller Argumentation desto
infamer agitiert wird. Es ist das Kapitel der „ideengeschicht-
lichen Interpretation", der „Geistesgeschichte" in der deutschen Literaturwissenschaft, das hier zu berühren ist.

In seiner Studie *Dichtung und Zivilisation* hat Fritz Strich
Heinrich Mann zum ersten Mal in eine geistesgeschichtliche
Konstruktion ganz ertsaunlichen Umfangs eingegliedert:
„Man wird in den Abläufen der Geschichte", so hebt Strich
an, „drei Zustände des menschlichen Daseins finden, die immer wiederkehren, im Altertum wie in den neuen Zeiten an-
zutreffen sind und also typisch menschlich scheinen ... Sie
verhalten sich zueinander wie Erwartung, Erfüllung und
Entstellung ... Ich meine die Zustände der Natur, der Kultur und der Zivilisation." [16] Man mag hier an Herders
Geschichtsphilosophie, an Kleists dreigliedriges Schema in
dem Aufsatz *Über das Marionettentheater* oder auch an
Kants Entwicklung dieser Dreischrittsvorstellung denken, die
in der Romantik geradezu zur Modeerscheinung in philosophischen und ästhetischen Theorien depraviert wurde [17]
und also keineswegs über Hegels spekulative Ausbildung
zur *dialektischen* Triade weiterzuwirken brauchte. Speng-
lers, später Toynbees Geschichtskonstruktionen haben mit
Hegels Dialektik wenig zu tun, gründen aber ganz in dem
romantischen Dreischrittsgedanken von Entstehung – Reife
– Verfall, von der ewigen Wiederkehr dieses Prozesses und

von seiner Gleichartigkeit unter den verschiedensten historischen Bedingungen in der antiken und neuzeitlichen Welt. Hierhin gehört Strich, hierhin gehören vor allem sein Kulturpessimismus ebenso wie seine idealistische Vorstellung von einer „ewigen und wesenhaften Menschlichkeit", einem „Urbilde des Menschen und der ihm eingeborenen Gestalt" usw. [18] An diesem „ewigen Urbild" mißt er seine drei Stadien, und es muß kaum noch aus seinem Text belegt werden, in welch abwertendem Sinne ihm die Stufe der „Entstellung", die „Zivilisation" erscheint. Ihre Bestimmungen ergeben sich als Antithese zu seinem „Kultur"-Begriff, und dieser nötigt zu genauerer Betrachtung.

„Kultur", so legt Strich dar, „. . . hat mit der Natur noch dies gemeinsam: daß alles hier wie dort gewachsen, ganz organisch innerlich notwendig ist." [19] Bei aller Neigung, solche Glaubenssätze, die von materiellen Bedingungen kultureller Phänomene nichts wissen oder wissen wollen, zu übergehen – ihre Beachtung ist nötig, um erkennen zu können, wie Strichs Dichtungsbegriff von seiner Kulturvorstellung gefüllt wird, ja mit ihr identisch ist: „Volksgemeinschaft", „heilige Satzung" und „Mythos" seien die Bindungen innerhalb der „Kultur" [20] und nichts anderes als diese Dreiheit ist denn auch, nach Strich, Inhalt der Dichtung: „Denn sie ist die gesammelte Kraft und die Stimme einer Volksgemeinschaft und nährt sich vom Blute der Landschaft . . . Mythos, Sage und Legende ist ihre natürliche Welt, und sie selbst verwandelt und verewigt die Geschichte ihres Volkes zu Mythos, Sage und Legende. Sie fühlt aus religiöser Allverbundenheit die schaffenden Kräfte der Welt in sich zusammenströmen und zu Sprache und Gesang sich verdichten. Der Dichter also ist der Seher und Prophet, der Künder und der Priester Gottes." [21]

Man hat längst bemerken können, welcher Geheimlehre Strichs Satzungen entstammen: Es sind die Georgeschen Sanktionen. Strich beruft sich ausdrücklich auf diesen und nennt dessen „Auffassung von der Sendung des Dichters" ganz uneingeschränkt „die größte, heiligste und ... unantastbar". [22] Er ist nicht der „Führer" [23], sondern, nach der typischen Lebensvorstellung der Jahrhundertwende, er schließt in sich „die gesammelte Kraft des ganzen Lebens", ist „seine letzte Steigerung und Weihe"; ja das Leben – im Bereich der „Kultur" – ist nicht denkbar ohne „Dichtung". [24]

Die politische Relevanz dieses Kultur- und Dichtungsbegriffes darf bei alledem nicht übersehen werden. Sie tritt in Strichs völkischen Vorstellungen deutlich hervor. Sie zeigt ihre im allgemeinen reaktionären Züge in seiner Gleichsetzung von „Traditionen" mit „Satzung" und Brauchtum, und man muß nur eine Quelle aus dem George-Kreis, die Strich paraphrasiert, heranziehen, um den ganzen elitären Dünkel dieser Spekulationen in seiner Gefährlichkeit wahrzunehmen: Friedrich Wolters' exegetisches Brevier *Herrschaft und Dienst* von 1913, das, bezeichnend genug, 1923 neu aufgelegt wurde. Hier wird eben jenem Kultur- und Dichtungsbegriff das Wort geredet, pro domo, namentlich für George allein, wie sich versteht. Und wenn schon Strichs Auslassungen ihre nach rückwärts, zum „Mythos" hingewandte Tendenz aus einer Gegenstellung gegen die gesellschaftlich-politischen Realitäten ihrer Zeit gewinnen, so gehen Wolters' rasende Wunschbilder 1923, angesichts der eingesetzten Demokratie in Deutschland, bis zu Abschlachtungshoffnungen der „Massen" zugunsten der wenigen. [25]

Es wird hier auf George und seine Gefolgschaft nicht nur aus polemischem Mutwillen verwiesen. Denn was uns bisher als kulturpolitische Position entgegentrat, hat im George-Kreis wie in Strichs Vorstellungen, auch seine entschiedene Negation. Und mehr noch an ihr zeigt sich die politisch-weltanschauliche Aggressivität dieser Richtung: An ihrem Begriff der „Zivilisation", die sie als ein Erbübel bekämpfen.

Man muß die aus dem George-Kreis hervorgehenden, seit 1910 erscheinenden *Jahrbücher für die geistige Bewegung* lesen, um zu erkennen, wie hier der reaktionäre Kulturbegriff auf Deutschland und deutsches Wesen eingeengt, wie mit seiner Hilfe hier auf chauvinistische Weise die Vorrangstellung des Deutschtums in der Welt propagiert wird. Man tritt ein für „Geist und Kultur" [26], man macht Front gegen die „Zivilisation" (George zu Albert Verwey). [27] Und es ist nun höchst aufschlußreich, wie diese Geheimbündler den „Zivilisations"-Begriff von Anfang an mit einem spezifischen politischen Inhalt füllen: Ihre Erhöhung Deutschlands geht Hand in Hand mit scharfer Polemik gegen die westlichen Demokratien, gegen die „fortschrittliche Verseuchung", gegen das „Gehen- und Geltenlassen jeder beliebigen Art Mensch". [28]

Es ist dieser antidemokratische Zivilisationsbegriff, der nun bei Strich, als Komplement seiner Kulturvorstellung, zur Basis der heftigsten Kritik an Heinrich Mann gemacht wird. Gleichgültig, wie man die Akzente setzen mag, ob politisch oder philosophisch, ob man im völkischen Denken, im Antidemokratismus oder im Irrationalismus den Beweggrund der Intellektfeindlichkeit Strichs und seiner Gruppe sehen will, sie bekämpfen mit der Zivilisation zugleich den Willen zur „Sittigung, Vernünftigung, Vergeistigung". [29] Mit einem Wort: Sie erweisen sich als Gegner der „Vernunft", des Rationalismus. So wären unter andern Antinomien, die bei ihnen im Gebrauch sind, wie Seele/Geist, Schauen/Wissen, Unbewußtsein/Bewußtsein, Mythos/Gesellschaft usw., immer weitere Folgerungen aus ihrer Grundvorstellung von Kultur contra Zivilisation abzuleiten. Erst vor diesem Hintergrund ist die ganze Schwere des Vorwurfs zu begreifen, den Strich gegen Heinrich Mann, den „Führer des deutschen Aktivismus" erhebt, wenn er zusammenfaßt: „Der Kampfruf des Aktivismus lautete: Vernunft! Vernunft ist Freiheit. Freiheit ist Gleichheit . . . Es war das westliche Ideal der Aufklärung, der französischen Revolution, der Zivilisation, das hier verkündet wurde." [30] „International, kosmopolitisch und freizüglerisch" [31] sind andere Worte für den Geist der Zivilisation und ihrer „Literaten". [32]

Nur kurz sei im Anschluß an Strich die ein Jahr nach seinem Aufsatz erschienene motivgeschichtliche Studie *Der Renais-sancekult um 1900 und seine Überwindung* von Walther Rehm herangezogen. Rehm ging aus von der nicht näher begründeten und — wie ich an anderer Stelle nachgewiesen habe [33] — fälschlichen Auffassung, daß Nietzsches Renais-sance-Ideal Heinrich Mann im Frühwerk die „willkommene ‚weltanschauliche' Stütze für ein schrankenloses Sichausleben ohne Zucht und Verantwortung" [34] geboten habe. Da er nun aber dergleichen auch bei anderen Schriftstellern um und vor der Jahrhundertwende, bei Ricarda Huch etwa, bei We-dekind, feststellen muß, setzt er der „zuchtlos schwachen Le-bensverkündigung Heinrich Manns" den „starken, moralisch untergründeten Schönheitswillen Wedekinds" entgegen, der „auf Zucht und Rasse hinarbeitet". [35] Von diesen ihrer-seits bereits sehr deutlich weltanschaulich bestimmten Be-hauptungen geht Rehm dann zur politischen Attacke über. Denn er erwähnt zwar den Wandel Heinrich Manns vom „Ästhetizismus" zu den „ethischen Maßstäben" seines poli-tisch-demokratischen Weltbildes [36] und hebt, wie Strich, seine führende Rolle in der aktivistischen Richtung des Ex-pressionismus hervor, doch trennt er auch hier mit rassistisch-völkischer Spitzfindigkeit Heinrich Manns „politischen Radi-kalismus" von dem seiner Anhänger: „denn es stehen sich hier inerlich erlebtes und durch Blut besiegeltes neues Ge-meinschaftsethos, das den neuen und guten Menschen will, und zivilisationsliterarische, ästhetizistische Begeisterung für europäische Völkergemeinschaft gegenüber." „An Stelle der hysterischen Renaissance tritt die hysterische Demokratie." Und der „hysterische Demokrat" wende sich — letzter Vor-wurf Rehms — in seinem „Fanatismus" dem „Fernen und Nichtheimischen" zu: „Frankreich". [37]
Da wir auf die Voraussetzungen und gemeinsamen Wurzeln des apolitischen Denkens dieser Geisteswissenschaftler hinge-deutet haben, überrascht es uns nicht, in ihren Schriften mit penetranter Monotonie stets dieselben Glaubenssätze als Aus-

gangspunkt ihrer Polemik wiederzufinden. Ihr Weltbild ist geschlossen in idealistisch-romantischen Überlieferungen, ihre literarische Betrachtung dreht sich um einen realitätsfremden Raum „reiner Dichtung" (Strich), in den hineininterpretiert wird, was ihren unpolitischen Bedürfnissen entspricht [38], und aus dem unerbittlich hinausgewiesen wird, was sich mit dem Menschlichen als gesellschaftlicher Erscheinung befaßt und darüber hinaus die historisch-politischen Bedingungen der Gesellschaft kritisch aufdeckt. Es ist das „Toxin der billigen Synthese", es sind die „Haschisch-Wirkungen einer unverpflichteten geisteswissenschaftlichen Spekulation", die so methodenbewußte Gelehrte wie der Romanist Leo Spitzer [39] noch nach dem Zweiten Weltkrieg im Rückblick mit einer Art Grauen verurteilt haben, die uns in den germanistischen Expektorationen der Zwanziger Jahre entgegengetreten sind. Wir könnten die Akten zu Heinrich Mann damit schließen, wenn nicht noch ein betrübliches Detail nachzutragen wäre:

In allen Arbeiten, die wir herangezogen haben, findet sich die Berufung auf eine Quelle, der mit der Grundkonstruktion der Kultur/Zivilisations-Antithese auch *jedes* der anderen Argumente gegen Heinrich Mann entnommen werden konnte und entnommen worden ist: Es sind Thomas Manns *Betrachtungen eines Unpolitischen*, eine haßvolle Kampfschrift gegen den Bruder, den „Zivilisationsliteraten", wie Thomas Manns Ausdruckskunst den Älteren zu bezeichnen beliebte. Diese Schrift war 1918 erschienen, sie lag also zu Strichs und Rehms Zeiten zehn Jahre zurück. Sie hatte für Thomas Mann eine Epoche durch retrospektive Selbstbetrachtung abschließen helfen; er selbst hatte, in Angleichung an die bürgerlich-demokratischen Positionen seines Bruders, seither ein liberaleres Welt- und Menschenbild entwickelt, hatte die vormaligen Schmähworte „Zivilisation", „Literat" und „Schriftsteller" umfunktioniert und war, zu Ende der Zwanziger Jahre, bereits in einer sich mehr und mehr vertiefenden Auseinandersetzung mit dem Germanisten und Georgianer begriffen, der ihn zuzeiten der *Betrachtungen* mit Materialien und „Citanda" für sein „kulturkonservatives" Denken versehen hatte: Ernst Bertram. Thomas Mann kannte das „politische Virulentwerden" eines „Germanisten-Romantismus", einer „Ergebenheit an einen Blondheitsmythos und Edel-Nationalismus" [40] jener Epoche aus nächster Nähe. Und so ergriff er, aus Anlaß von Heinrich Manns sechzigstem Geburtstag 1931, die Gelegenheit, an vielbeachteter Stelle, in der Preußischen Akademie der Künste zu Berlin, die nationalistisch-kulturpolitischen Anwürfe gegen Heinrich Mann, zu denen die eigenen Diatriben der *Betrachtungen* so reichhaltiges Material geboten hatten, öffentlich zu liquidieren.

Es sollte unserer Fachwissenschaft zur Beschämung gereichen, daß noch nach dem Zweiten Weltkrieg die verjährte Heinrich Mann-Kritik wieder hat aufleben können [41], unverändert in ihrer geistesgeschichtlichen Methode. Zur selben Zeit, 1960, da während eines übernationalen Kongresses, der die politische, Kultur- und Literaturgeschichte der Zwanziger Jahre verhandelte, kein einziger deutscher Germanist das Werk Heinrich Manns auch nur erwähnte – es war ein Franzose, Maurice Colleville, der die Versammlung schließlich an Heinrich Mann erinnerte [42] – traten Edgar Lohner und Curt Hohoff mit Gesamtdarstellungen Heinrich Manns hervor, in denen dieser noch einmal – wiederum gemessen an jenem kulturpolitisch fixierten „Dichtungs"-Begriff – zum „politischen Pamphletisten" (Lohner) [43] und zum „verspäteten Kind der europäischen Aufklärung" (Hohoff) [44] erklärt wurde.

Nicht zuletzt ist es die Zählebigkeit einer methodischen Unvernunft, die unsern Widerspruch weckt. Und wenn wir kaum hoffen dürfen, daß zeitgeschichtliche Belehrungen einen durchgehenden ideologischen Wandel der Literaturwissenschaft bewirkt haben, so nehmen wir jedenfalls an, daß die gegen Heinrich Mann gerichtete ideengeschichtlich tingierte Polemik endlich verächtlich wird, weil ihre Ergebnislosigkeit ganz unmäßig langweilt.

Zu Heinrich Manns „Untertan"

[1] Georg *Lukács*, Skizze einer Geschichte der neueren deutschen Literatur. Berlin 1955. S. 126.

[2] s. Georgina *Baum*, Humor und Satire in der bürgerlichen Ästhetik. Berlin 1959. (Germanistische Studien.)

[3] Thomas *Mann*, Betrachtungen eines Unpolitischen. (Frankfurt a. M.) 1956. S. 557 f.

[4] U. *Weisstein*, Heinrich Mann. Tübingen 1962. S. 116.

[5] A. *Banuls*, Heinrich Mann. Paris 1967. S. 234.

[6] Kurt *Tucholsky*, Gesammelte Werke. Hg. von Mary Gerold-*Tucholsky*, Fritz J. *Raddatz*. Reinbek bei Hamburg 1960. Bd I, S. 362 ff.; 491 ff.; 383 ff.; Bd II, S. 856.

[7] „Der Untertan", S. 100. – „Der Untertan" wird zitiert nach Bd 7 der maßgeblichen, ersten textkritisch durchgesehenen Ausgabe von Heinrich Manns Gesammelten Werken, herausgegeben von der Deutschen Akademie der Künste zu Berlin, Redaktion: Sigrid *Anger*, Berlin 1965.

[8] W. *Rasch*, Aspekte der deutschen Literatur um 1900. In: *Rasch*, Zur deutschen Literatur seit der Jahrhundertwende. Stuttgart 1967. S. 15 ff.

[9] B. *Brecht*, Schriften zur Literatur und Kunst II. Berlin 1966. S. 81 f.

[10] W. *Schröder*, Heinrich Mann. Bildnis eines Meisters. Wien 1931. S. 44.

[11] Heinrich *Mann*, Zwischen den Rassen. Berlin 1951. S. 144, 145.

[12] Vgl. den folgenden Aufsatz.

[13] Heinrich *Mann*, Essays. Bd 1. Brlin 1954. S. 269.

[14] Heinrich *Mann*, Ein Zeitalter wird besichtigt. Stockholm 1945. S. 201, 222.

[15] Ebda, S. 240.

[16] Heinrich *Mann*, Essays. Bd 3. Berlin 1962. S. 550 f.

[17] So U. *Weisstein*, Heinrich Mann. Tübingen 1962. S. 111–128; A. *Banuls*, Heinrich Mann. Paris 1967. S. 215–239.

[18] F. C. *Scheibe*, Rolle und Wahrheit in Heinrich Manns Roman „Der Untertan". Literaturwissenschaftliches Jahrbuch. N. F. 7 (1966), S. 209–227; zum Typ des „bösen Komödianten" vgl. K. *Schröter*, Anfänge Heinrich Manns. Stuttgart 1965. (Germanistische Abhandlungen 10.) S. 98 ff. – Ausführungen, auf die Scheibe (S. 211) sich stützt.

[19] *Scheibe*, S. 223, 224. – A. *Banuls*, der ebenfalls die Figur Wolfgang Bucks herangezogen hat, beschreibt ihn lediglich als Typ des

„Dilettanten", ohne hieraus für die Deutung des Romans Schlüsse zu ziehen; *Banuls*, S. 230 ff.

[20] Heinrich *Mann*, Macht und Mensch. München 1919. S. 222.

[21] Heinrich *Mann*, Ein Zeitalter wird besichtigt. Stockholm 1945. S. 47.

[22] Heinrich *Mann*, Professor Unrat. Berlin 1955. S. 622.

[23] Heinrich *Mann*, Zwischen den Rassen. Berlin 1951. S. 144.

[24] *Nietzsche*, Werke in drei Bänden. II. München 1955. S. 234 f.

[25] Ebda II, S. 1030.

[26] Ebda II, S. 1148.

[27] Ebda III, S. 779; auch S. 662.

[28] Heinrich *Mann*, Nietzsche. Maß und Wert 2 (1939), S. 298.

[29] *Nietzsche* III, S. 449.

[30] Ebda, S. 899.

[31] K. *Schröter*, Anfänge Heinrich Manns. Stuttgart 1965. S. 18 ff.; K. *Schröter*, Thomas Mann. Reinbek bei Hamburg 1964. S. 35 ff.

[32] Heinrich *Mann*, Neue Romantik. Die Gegenwart 42 (1892), S. 41.

[33] Paul *Bourget*, Le Disciple. Paris 1901. S. 5, 9; alle folgenden Zitate, sofern nicht anders angegeben, aus der Vorrede S. 5–15.

[34] P. *Bourget*, Le Disciple, S. 115.

[35] C. F. *Scheibe*, a.a.O., S. 217 ff.

[36] P. *Bourget*, Le Disciple, S. 103.

[37] Vgl. J. *Zeck*, Die Kulturkritik Heinrich Manns in den Jahren 1892 bis 1909. Diss. Hamburg 1965. S. 181 f.

[38] Thomas *Mann*, Der Zauberberg. Gesammelte Werke Bd III. Frankfurt a. M. 1960. S. 824.

[39] P. *Bourget*, Le Disciple, S. 178.

[40] Ebda, S. 178.

[41] Ebda, S. 178 f.

[42] Ebda, S. 114.

[43] F. de *Stendhal*, Rot und Schwarz. 2 Bde. Vollständige Übertragung von Hanns Martin *Elster*. Düsseldorf 1949. II. S. 419.

[44] Ebda II, S. 232.

[45] Die Jahrhundertzählung, die Stendhal im Titel anwendet, ist ein Ergebnis seiner Erziehung durch die französische Aufklärung und weist zurück auf deren geschichtliche Selbstauslegung. Vgl. zu dieser W. Krauss, Der Jahrhundertbegriff im 18. Jahrhundert. In: *Krauss*, Studien zur deutschen und französischen Aufklärung. Berlin 1963. (Neue Beiträge zur Literaturwissenschaft. 16.) S. 9 ff.

[46] P. *Bourget*, Le Disciple, S. 161.

[47] *Stendhal*, Rot und Schwarz, I, S. 69, 83.

[48] P. *Bourget*, Psychologische Abhandlungen über zeitgenössische Schriftsteller. Übersetzt von A. *Köhler*. Minden 1903. S. 226, 266.

[49] Ebda, S. 267.

[50] Heinrich *Mann*, Essays. Bd 1. Berlin 1954. S. 41

[51] Ebda, S. 42.

[52] Ebda, S. 52.

[53] Ebda, S. 51.

[54] Ebda, S. 41.

[55] Ebda, S. 42.

[56] Ebda, S. 57.

[57] Ebda, S. 57.

[58] Ebda, S. 57.

[59] Ein Vergleich, den Jean-Edouard Spenlé bei Erscheinen der französischen Ausgabe des „Untertan" mit Zolas „La Conquête de Plassans" anriet (vgl. hierzu U. *Weisstein*, Heinrich Mann, S. 135), führt über allgemeine Übereinstimmungen im Kleinstadtmilieu, in der „Eroberung" einer Stadt durch reaktionär-klerikale Kräfte nicht hinaus und scheint nur in einem Punkt sich zu einer Anregung für Heinrich Mann zu verdichten: Diederich betrachtet die ihm vom alten Buck eingeflößte Idee, ein Säuglingsheim zu errichten, als das geeignete Mittel, „um Netzig zu erobern" (274). Der Wortanklang an Zolas Buchtitel ebenso wie der Umstand, das Ovide Faujas, der ehrgeizige Priester, die Gründung eines Heimes für junge Mädchen und eines Jugendclubs für junge Männer als politische Ziele benutzt, lassen hier an einen Einfluß denken.

[60] Kurt *Wolff*, Briefwechsel eines Verlegers 1911–1963. Hg. von B. *Zeller* und E. *Otten*. Frankfurt a. M. 1966. S. 224.

[61] Zur politischen Interpretation von *Fontanes* „Vermächtnis", seinem letzten Werk, dem „Stechlin", s. bes. die vorzügliche Untersuchung Hans-Heinrich *Reuters* in seiner Monographie „Fontane", Bd 2, München 1968, S. 832 ff.; zu der entstellenden Deutung Fontanes im 20. Jahrhundert s. ebda, S. 872 ff.

[62] Heinrich *Mann*, Briefe an Karl Lemke und Klaus Pinkus. Hamburg [1963]. S. 175.

[63] Ebda, S. 90 f.

Deutsche Germanisten als Gegner Heinrich Manns.
Einige Aspekte seiner Wirkungsgeschichte

[1] Den Ausführungen liegt ein Vortrag zugrunde, der auf Einladung der Fachschaft Germanistik an der Universität Hamburg im Januar 1968 gehalten wurde.

[2] Anfänge Heinrich Manns. Zu den Grundlagen seines Gesamtwerks. Stuttgart 1965. (Germanistische Abhandlungen. 10.) Vgl. dort S. VIII f., 95 ff., 180 ff.
Jakob *Tholund* (Mitteilungen des Deutschen Germanisten-Verbandes 13, 1966, Nr 5), John *Osborne* (Modern Language Review 1967, S. 759) und Ulrich *Weisstein* (Journal of English and Germanic Philology 1967, S. 319; Germanistik 1967, S. 198) bemängelten gleichermaßen die „scharfe Polemik" gegen Walther Rehm, Fritz Strich usw. als „unnötig" oder „unangebracht", ohne doch sachliche Einwände vorzubringen. Demgegenüber haben Edgar

Kirsch (Weimarer Beiträge 9, 1963, S. 801), Michel *Vanhelleputte* (Revue Belge de Philologie et d'Histoire 1967, S. 923) und Rolf N. *Linn* (The German Quarterly 1968, S. 263) sowohl die Schärfe als auch die Richtung der Polemik der Sachlage angemessen gefunden.

[3] Rudolf *Leonhard*, Das Werk Heinrich Manns. In: Der Neue Roman. Ein Almanach. Leipzig 1917. S. 79–108. Hermann *Sinsheimer*, Heinrich Manns Werk. München 1921. Walter *Schröder*, Heinrich Mann. Bildnis eines Meisters. Wien 1931.

[4] Albert *Soergel*, Dichtung und Dichter der Zeit. Leipzig 1911. S. 800, 801.

[5] Ebda, S. 798.

[6] Ebda, S. 800.

[7] Ebda.

[8] „Voltaire – Goethe" zuerst u. d. T. „Französischer Geist" in: Freiheit und Arbeit. Hg. vom Internationalen Komitee zur Unterstützung der Arbeitslosen. Leipzig 1910; ein vielbeachteter Abdruck erfolgte im 2. Jg. der Aktion 1912. – „Geist und Tat" in: Pan 1 (1910).

[9] Vgl. Helmut *Heiber*, Die Republik von Weimar. (2. Aufl. München 1966.) (dtv-Weltgeschichte des 20. Jahrhunderts. 3.) S. 11 ff.

[10] *Soergel*, Dichtung und Dichter der Zeit. Neue Folge. 4. Aufl. Leipzig 1927. S. 81.

[11] Ebda, S. 80.

[12] Ebda, S. 83.

[13] Ebda, S. 83, 84.

[14] Ebda, S. 85.

[15] Ebda, S. 80.

[16] Fritz *Strich*, Dichtung und Zivilisation. In: Strich, Dichtung und Zivilisation. München 1928. S. 192.

[17] Vgl. Horst *Steinmetz*, Die Trilogie. Entstehung und Struktur einer Großform des deutschen Dramas nach 1800. Heidelberg 1968. (Probleme der Dichtung. 11.) S. 82 ff.

[18] *Strich*, a. a. O., S. 192.

[19] Ebda.

[20] Ebda, S. 193.

[21] Ebda, S. 195.

[22] Ebda, S. 210.

[23] Ebda, S. 197.

[24] Ebda, S. 196.

[25] Friedrich *Wolters*, Herrschaft und Dienst. 3. Aufl. Berlin 1923. S. 6.

[26] Jahrbuch für die geistige Bewegung. Hg. Friedrich *Gundolf*, Friedrich *Wolters*. Berlin 1910. S. III.

[27] Albert *Verwey*, Mein Verhältnis zu Stefan George. Erinnerungen aus den Jahren 1895–1928. Leipzig 1936. S. 53.

[28] Jahrbuch für die geistige Bewegung. Berlin 1912. S. IV.

[29] *Strich*, a. a. O., S. 202.

[30] Ebda, S. 198.

[31] Ebda, S. 193.

[32] Bis in die Mitte der Dreißiger Jahre wurden Strichs Anwürfe fortgesetzt. Vgl. Wolfgang *Paulsen*, Expressionismus und Aktivismus. Eine typologische Untersuchung. Bern 1935.
Erwähnt sei, daß eine Dissertation bei Josef *Nadler* dessen völkisch-rassistische Doktrin auf Heinrich Mann anzuwenden versucht hat – ohne das mindeste sachliche Ergebnis. Vgl. Mally *Untermann*, Das Groteske bei Wedekind, Thomas Mann, Heinrich Mann, Morgenstern und Wilh. Busch. Diss. Königsberg Pr. 1929.

[33] Anfänge Heinrich Manns, S. 95 ff.

[34] Walther *Rehm*, Der Renaissancekult um 1900 und seine Überwindung. Zeitschrift für deutsche Philologie 54 (1929), S. 296–328. – Zitat S. 298 f.

[35] Ebda, S. 318, 319.

[36] Ebda, S. 322.

[37] Ebda, S. 327.

[38] Denn Wedekind – weil Friedrich Gundolf ihn kanonisiert hatte – als Antipoden Heinrich Manns herauszustellen, wie Strich und Rehm es taten, ist reine Willkür.

[39] Nach Werner *Krauss*, Studien und Aufsätze. Berlin (1959). (Neue Beiträge zur Literaturwissenschaft. 8.) S. 21.

[40] Thomas Mann an Ernst Bertram, Briefe aus den Jahren 1910–1955. (Hg. von Inge *Jens*. Pfullingen 1960.) S. 195.

[41] Vgl. auch die von Rehm angenommenen, von seiner Studie über den „Renaissancekult" durchaus abhängigen Dissertationen von Gerhard *Lutz*, Zur Problematik des Spielerischen. Eine Erörterung unter besonderer Berücksichtigung der Romane und Novellen des frühen Heinrich Mann. Diss. Freiburg i. Br. 1952. Und Georg *Specht*, Das Problem der Macht bei Heinrich Mann. Diss. Freiburg i. Br. 1954. – Zu deren Kritik vgl. Anfänge Heinrich Manns, S. 180 ff.

[42] Die Zeit ohne Eigenschaften. Eine Bilanz der zwanziger Jahre hg. von Leonhard *Reinisch*. Stuttgart (1961). S. 203.

[43] Edgar *Lohner*: Heinrich Mann. In: Deutsche Literatur im 20. Jahrhundert. Hg. von Hermann *Friedemann* und Otto *Mann*. Bd 2. 4. Aufl. Heidelberg (1961). S. 94.

[44] Curt *Hohoff* [Neubearbeitung von:] Albert *Soergel*: Dichtung und Dichter der Zeit. Bd 1. Düsseldorf (1961). S. 850.

Zu Heinrich Manns *Untertan* – Geschrieben für Etudes Germaniques, Sonderheft Heinrich Mann 1971.

Ein Zeitalter wird besichtigt. Zu Heinrich Manns Memoiren – Akzente, Heinrich Mann-Heft 1969. – Der Aufsatz wurde als Vorwort zur geplanten westdeutschen Ausgabe von *Ein Zeitalter wird besichtigt* geschrieben. Die Ausgabe ist bisher nicht zustande gekommen.

Deutsche Germanisten als Gegner Heinrich Manns. Einige Aspekte seiner Wirkungsgeschichte – Text + Kritik, Sonderheft Heinrich Mann 1971. – Die Ausführungen waren „Heinz Nicolai mit Glückwünschen zum sechzigsten Geburtstag" gewidmet.

Klaus Schröter veröffentlichte in der J. B. Metzlerschen Verlagsbuchhandlung:

– Die Anfänge Heinrich Manns. Zu den Grundlagen seines Gesamtwerks. Stuttgart 1965.

Außerdem sind von ihm erschienen:

– Thomas Mann. Reinbek 1964 (RM 93).

– Heinrich Mann. Reinbek 1967 (RM 125).

– Literatur und Zeitgeschichte. Fünf Aufsätze zur deutschen Literatur im 20. Jahrhundert. Mainz 1970.

Heinrich Mann

Herausgegeben von Heinz Ludwig Arnold

Sonderband der Reihe TEXT+KRITIK

160 Seiten, DM 14,80

Rechtzeitig zum 100. Geburtstag Heinrich Manns am 27. März 1971 erscheint ein wichtiger Sonderband der Reihe TEXT + KRITIK mit Aufsätzen zu Heinrich Mann: keine Festschrift, sondern der seit langem überfällige Versuch, den aus dem literarischen Bewußtsein der Gegenwart fast gänzlich verschollenen Schriftsteller entsprechend seiner Bedeutung für die deutsche Literatur wieder in Erinnerung zu bringen; ein erster Ansatz von Kritikern und Literaturwissenschaftlern, lange Versäumtes nachzuholen.

An Geburtstagen mit sich rundenden Zahlen pflegt die Vergeßlichkeit für einen Moment unterbrochen zu werden – bleibt zu hoffen, daß der hier gebotene Ansatz über den Feiertag hinweg aufgenommen, fortentwickelt und vertieft wird; denn es ist an der Zeit, daß man sich des Vermächtnisses von Heinrich Mann erinnert.

Inhalt des Bandes: Ein unbekannter autobiographischer Brief *Heinrich Manns* aus dem Jahre 1922; *Alfred Kantorowicz*: Heinrich Manns Vermächtnis; *Heinz Ludwig Arnold*: Die Brüder; *Karl Riha*: Zur Struktur des satirischen Romans bei Heinrich Mann; *Jochen Vogt*: Diederich Heßlings autoritärer Charakter. Zum „Untertan"; *David Roberts*: Heinrich Mann und die französische Revolution; *Wolfram Schütte*: Das dramatische Schaffen Heinrich Manns; *Wolfram Schütte*: Film und Roman. Kinotechnik in Romanen Heinrich Manns; *Ernst Hinrichs*: Die Legende als Gleichnis. Zu den Henri-Quatre-Romanen; *Hans Albert Walter*: Heinrich Mann im französischen Exil; *Klaus Schröter*: Deutsche Germanisten als Gegner Heinrich Manns. Einige Aspekte seiner Wirkungsgeschichte; *Klaus Schröter* und *Helmut Riege*: Bibliographie zu Heinrich Mann.

EDITION TEXT + KRITIK / RICHARD BOORBERG VERLAG
MÜNCHEN

Texte Metzler

1. SENGLE, Friedrich: Vorschläge zur Reform der literarischen Formenlehre. 2. Aufl. 1969. 52 S.

2. POLITZER, Heinz: Franz Grillparzers »Der arme Spielmann«. 1967. 64 S.

3. KAISER, Gerhard: Vergötterung und Tod. Die thematische Einheit von Schillers Werk. 1967. 52 S.

4. GLINZ, Hans: Sprachwissenschaft heute. Aufgaben und Möglichkeiten. 2. Aufl. 1970. 123 S.

5. SCHRIMPF, Hans Joachim: Goethes Begriff der Weltliteratur. Essay. 1968. 58 S.

6. REICHMANN, Eberhard: Die Herrschaft der Zahl. Quantitatives Denken in der deutschen Aufklärung. 1968. 84 S.

7. STROHSCHNEIDER-KOHRS, Ingrid: Vom Prinzip des Maßes in Lessings Kritik. 1969. 44 S.

8. FÜLLEBORN, Ulrich: Die barocke Grundspannung Zeit-Ewigkeit in den Trauerspielen Lohensteins. Zur Frage der strukturellen Einheit des deutschen Barockdramas. 1969. 49 S.

9. GLASER, Horst Albert: Das bürgerliche Rührstück. 1969. 88 S.

10. JÄGER, Hans-Wolf: Politische Kategorien in Poetik und Rhetorik der zweiten Hälfte des 18. Jahrhunderts. 1970. 83 S.

11. KNILLI, Friedrich: Deutsche Lautsprecher. Versuche zu einer Semiotik des Radios. 1970. 127 S.

12. FABER, Richard: Novalis: Die Phantasie an die Macht. 1970. 104 S.

13. LEIBFRIED, Erwin: Identität und Variation. Prolegomena zur kritischen Poetologie. 1970. 120 S.

14. HAHN, Manfred: Präsozialismus. Claude-Henri de Saint-Simon. Ein Bericht. 1970. 73 S.

15. PEHLKE, Michael: Der sanfte Terror/Techniken schichtenspezifischer Unterhaltung. Untersuchungen zum zeitgenössischen Berliner Boulevardtheater. 1971. Ca. 100 Seiten.

J. B. Metzler Stuttgart

Texte Metzler

16. GANSBERG, Marie Luise / VÖLKER, Paul Gerhard: Methodenkritik der Germanistik. Materialistische Literaturtheorie und bürgerliche Praxis. 1970. 150 S.

17. SCHRÖTER, Klaus: Heinrich Mann. »Untertan« – »Zeitalter« – Wirkung. Drei Aufsätze. 1971. 77 S.

18. HERMAND, Jost: Stänker und Weismacher. Zur Dialektik eines Affekts. 1971. 65 S.

19. WINDFUHR, Manfred: Rheinische Gesellschaftskritik von Spee bis Böll. 1971. Ca. 48 S.

20. JÄGER, Hans-Wolf: Politische Metaphorik im Jakobinismus und im Vormärz. 1971. Ca. 100 S.

Die Reihe wird fortgesetzt

J. B. Metzler Stuttgart